Pe. HÉLIO LIBARDI, C.Ss.R.

# VIDA CRISTÃ
# E ORAÇÃO

**EDITORA SANTUÁRIO**
Aparecida-SP

DIRETOR EDITORIAL:
Marcelo C. Araújo

EDITORES:
Avelino Grassi
Márcio F. dos Anjos

COORDENAÇÃO EDITORIAL:
Ana Lúcia de Castro Leite

COPIDESQUE:
Leila Cristina Dinis Fernandes

REVISÃO:
Bruna Marzullo

DIAGRAMAÇÃO:
Juliano de Sousa Cervelin

CAPA:
Alex Luis Siqueira Santos

**Dados Internacionais de Catalogação na Publicação (CIP)**
**(Câmara Brasileira do Livro, SP, Brasil)**

Libardi, Hélio
    Vida cristã e Oração / Hélio Libardi. – Aparecida, SP: Editora Santuário, 2008.

    ISBN 978-85-369-0137-4

    1. Doutrina cristã 2. Fé 3. Igreja Católica – Catecismos 4. Igreja Católica – Credos I. Título.

08-05341                                                                                 CDD-238.2

**Índices para catálogo sistemático:**

    1. Catecismos: Igreja Católica: Doutrina católica 238.2
    2. Credo: Doutrina católica 238.2

IMPRIMA-SE
Por comissão do Arcebispo Metropolitano de Aparecida,
Dom Raymundo Damasceno Assis,
Pe. Carlos da Silva, C.Ss.R.
Aparecida, 30 de maio de 2008

Todos os direitos reservados à **EDITORA SANTUÁRIO** — 2008

 Composição, CTcP, impressão e acabamento:
**EDITORA SANTUÁRIO** - Rua Padre Claro Monteiro, 342
Fone: (12) 3104-2000 — 12570-000 — Aparecida-SP.

  Ano: 2011   2010   2009   2008
Edição: **8**  7  6  5  4  3  2  1

# Apresentação

Estamos apresentando a continuação do Catecismo da Igreja Católica. É mais um subsídio para ajudar quem se preocupa em passar adiante aquilo que recebeu e que faz sua vida feliz: sua fé.

Aqui o Catecismo oferece pontos que vão balizar nossa caminhada e poderá ajudar-nos em nosso crescimento espiritual, como também na transformação da sociedade.

Para quem já leu os catecismos tradicionais, não há nada de novo. Nossa esperança de ver a doutrina em "novas formas" e com reflexão mais mordente vai ficando para a próxima vez. A apresentação da doutrina segue uma forma tradicional, que respeitamos e acatamos como uma possível síntese da fé. A teologia continua suas reflexões com muita firmeza; quem sabe numa próxima edição se possa apresentar uma doutrina renovada em suas formas e conceitos, que nos ajude a dar respostas mais claras à modernidade.

Trabalhemos, contudo, com o que podemos ter em mãos e cheios de confiança no Espírito que certamente nos conduzirá.

*Pe. Hélio de P. Libardi, C.Ss.R.*

Primeira parte

# Vida Cristã

## Introdução

No Símbolo da fé, professamos a grandeza do dom de Deus na criação, redenção e santificação do homem. O que a fé confessa, os sacramentos comunicam. Pelos sacramentos, recebemos a graça que eles nos comunicam, tornando-nos filhos de Deus (1Jo 3,1) e participantes da natureza divina (2Pd 1,4).

Reconhecendo nossa dignidade, nós, cristãos, somos chamados a levar "uma vida digna do evangelho de Cristo" (Fl 1,27). Somos convidados a sermos perfeitos como o Pai do Céu (Mt 5,48), seguindo Jesus, que sempre fez o que era do agrado do Pai (Jo 8,29).

O Espírito Santo nos ensinará a agir produzindo "os frutos do Espírito" pela caridade operante e nos conduzirá à comunhão de Cristo.

Os caminhos de Cristo têm suas exigências, por isso importa que a catequese revele com clareza esse caminho:

– caminho guiado pelo Espírito;
– caminho da graça que salva;
– caminho das Bem-Aventuranças, programa de vida;

– caminho de conversão, que faz sair do pecado pelo perdão;
– caminho das virtudes humanas e cristãs a exemplo dos santos;
– caminho do mandamento da caridade;
– caminho da comunhão eclesial.

A referência, o ponto central, da catequese é Jesus Cristo, Caminho, Verdade e Vida (Jo 14,6), para que, contemplando Cristo, nós o amemos com o mesmo amor com que Ele nos amou e façamos as obras correspondentes à nossa dignidade.

*Primeira seção*

# A VOCAÇÃO DO HOMEM A VIDA NO ESPÍRITO

## Capítulo I

## DIGNIDADE DA PESSOA HUMANA

A dignidade da pessoa humana fundamenta-se em sua criação à imagem e semelhança de Deus (art. 1º).

O caminho dessa realização são as Bem-Aventuranças (art. 2º).

Cabe ao homem, que é livre, a iniciativa dessa realização (art. 3º).

O homem produz atos deliberados (art. 4º).

A pessoa humana conforma-se ou não ao bem prometido por Deus e atestado pela sua consciência moral (art. 5º).

As pessoas humanas edificam-se e crescem interiormente: fazem de toda a sua vida espiritual e sensível matéria de crescimento (art. 6º).

Com ajuda da graça crescem na virtude (art. 7º).

Evitam o pecado e podem voltar para a misericórdia do Pai, se o tiverem cometido (art. 8º).

E chegam assim à perfeição da caridade.

*Artigo 1*
### O homem, imagem de Deus

1. Cristo, o novo Adão, manifesta plenamente o homem ao próprio homem e lhe descobre sua altíssima vocação.

2. Em Cristo, imagem do Deus invisível (Cl 1,15), o homem foi criado à imagem do Criador. A imagem divina, deformada no homem pelo primeiro pecado, foi restaurada em sua beleza original pela graça de Deus.

3. Dotada de alma espiritual e imortal, de inteligência e vontade, a pessoa humana é ordenada para Deus e é capaz, por si, de buscar sua perfeição no amor da verdade e do bem.

4. O homem é dotado de liberdade, grande sinal de que ele é imagem de Deus.

5. O homem conhece a voz de Deus que se manifesta em sua consciência e é obrigado a seguir a lei moral que ressoa na consciência e se cumpre no amor a Deus e ao próximo.

6. Desde o início, o homem abusou da própria liberdade, caiu na tentação e praticou o mal. Agora, ferido em sua natureza pelo pecado original, está sujeito ao erro e inclinado para o mal no exercício de sua liberdade.

7. O homem que crê em Cristo torna-se filho de Deus. Ele é capaz de agir corretamente e de praticar o bem. A vida moral desenvolvida pela graça se completa na glória do céu.

*Comentando*

Em Jesus, o homem tem o modelo de pessoa humana. Ele é o homem que deu certo, segundo o plano de Deus. Ele realiza o sonho de Deus e é a imagem do Deus que nós não vemos.

O sonho de Deus na criação era fazer no homem e do homem sua imagem e semelhança. Aqui está o cerne de sua dignidade, que se completa na liberdade com a qual Deus o dotou.

A própria capacidade do homem, sua inteligência e sua liberdade levaram-no a uma nova escolha, na qual o homem seria o centro de tudo, fazendo tudo girar ao seu redor. Não é diferente dos dias de hoje, em que o homem procura por todos os meios dominar o universo e colocá-lo aos seus pés.

Mas, por sair de Deus, o homem é como a concha que guarda o barulho do mar. Mesmo que se diga ateu, guarda dentro de si o eco da voz de Deus no santuário de sua consciência. Nosso coração andará inquieto até se descansar em Deus.

Tudo o que pertence ao que chamamos "lei natural e moral" está gravado no coração do homem. Ele pode não perceber por causa da distorção de sua natureza, mas isso não precisaria ser revelado. Por todo o sempre o homem sabe que é proibido matar. O trabalho é limpar os corações para poder ouvir essa voz que fala dentro de cada um.

Não existe ateu; há pessoas que foram mal informadas ou trazem problemas psíquicos, psicológicos (traumas etc.), má-formação ou deformação religiosa, experiências negativas, e por isso adotam uma atitude prática de dizer que são ateus. Dá muito trabalho encontrar explicações, entrar no caminho da própria consciência e ter de mudar idéias e práticas, bem como renunciar ao que pratica e ao lugar onde acha que se encontra sua felicidade.

*Artigo 2*
## Nossa vocação à bem-aventurança

## 1. As bem-aventuranças

As bem-aventuranças estão no cerne da pregação de Jesus. Elas retomam as promessas feitas ao povo eleito desde Abraão. Jesus as completa e as ordena não ao simples bem-estar na terra, mas ao Reino dos Céus.

– Bem-aventurados os pobres em espírito, porque deles é o Reino dos Céus.

– Bem-aventurados os mansos, porque herdarão a terra.

– Bem-aventurados os aflitos, porque serão consolados.

– Bem-aventurados os que têm fome e sede de justiça, porque serão saciados.

– Bem-aventurados os misericordiosos, porque alcançarão a misericórdia.

– Bem-aventurados os puros de coração, porque verão a Deus.

– Bem-aventurados os que promovem a paz, porque serão chamados filhos de Deus.

– Bem-aventurados os que são perseguidos por causa da justiça, porque deles é o Reino dos Céus.

– Bem-aventurados sois, quando vos injuriarem e vos perseguirem e, mentindo, disserem todo o mal contra vós por causa de mim. Alegrai-vos e regozijai-vos, porque será grande a vossa recompensa nos céus (Mt 5,3-12).

Essas bem-aventuranças traçam a imagem do Cristo, mostram um programa que Jesus traçou para todos. São caminhos do discípulo de Jesus. Elas iluminam nossas ações, atitudes; são promessas que sustentam nossa esperança; determinam os critérios de discernimento no uso dos bens terrenos; levam-nos ao desapego e ao amor a Deus sobre todas as coisas.

## 2. O desejo de felicidade

1. As bem-aventuranças respondem ao desejo natural de felicidade. Deus o colocou em nossos corações; é natural.

2. As bem-aventuranças mostram o objetivo da vida humana e dos atos humanos: Deus e a bem-aventurança divina. Esse chamado é para a Igreja, novo povo formado por aqueles que acolheram a promessa e vivem na fé. É um chamado para todos.

## 3. A bem-aventurança cristã

O Novo Testamento usa várias expressões para caracterizar a bem-aventurança à qual Deus chama o homem: vinda do Reino de Deus, a visão de Deus, entrada na alegria do Senhor, entrada no repouso de Deus.

A bem-aventurança nos faz participantes da natureza divina e da vida eterna. É um dom gratuito de Deus, pois ultrapassa a inteligência e as forças humanas. É sobrenatural.

Ela nos coloca diante de escolhas morais decisivas, convidando-nos a purificar nossos corações dos maus instintos e a procurar o amor de Deus. Ensina que a verdadeira felicidade não está nas riquezas ou no bem-estar, na glória humana ou no poder e nem em qualquer obra humana, mas está em Deus e apenas em Deus.

O Decálogo, o Sermão da Montanha e a catequese apostólica nos descrevem o caminho que nos leva ao Reino. Nele entramos amparados pela graça divina do Espírito. Aos poucos daremos na Igreja frutos para a glória de Deus.

### Comentando

As bem-aventuranças não podem ser olhadas como algo para a outra vida. Jesus nos traçou, através delas, um programa de vida como caminho para construirmos a justiça e vivermos no amor aqui nesse mundo. A visão beatífica é dom de Deus para depois, como diz o Evangelho de João: "A vida eterna sou Eu que dou". A alegria, que já é Reino de Deus, nasce do serviço aos pobres, da luta pela justiça, pela prática da misericórdia e da partilha. Não é algo para amanhã, mas para o hoje concreto de cada dia e para cada pessoa.

É mais significativo olhar as bem-aventuranças como valores para a construção de uma sociedade mais fraterna, solidária, e como um programa de vida pessoal e comunitário; é o chão para pisarmos dia a dia, sem perder a utopia do acontecimento pleno do Reino.

*Artigo 3*
## A liberdade do homem

Deus criou o homem dotado de razão e lhe deu a liberdade e a capacidade de decidir sobre seus atos. Assim ele poderia por si procurar a Deus e chegar à perfeição. Ele é semelhante a Deus; senhor de seus atos e livre.

## 1. Liberdade e responsabilidade

1. A liberdade é o poder, baseado na razão e na vontade, de agir ou não agir, de fazer isso ou não fazer, de praticar atos deliberados.

Pelo livre-arbítrio cada um dispõe sobre si mesmo.

A liberdade é, no homem, uma força de crescimento e amadurecimento na verdade e na bondade.

Ela alcança sua perfeição, quando está ordenada para Deus, e caracteriza os atos humanos. O ser humano, assim, pode escolher entre o bem e o mal.

2. Quanto mais o homem pratica o bem, mais livre ele será.

O mau uso da liberdade produz a escravidão. A verdadeira liberdade só existe a serviço do bem.

A liberdade torna o homem responsável pelos seus atos, à medida que forem voluntários.

A ascese, o progresso na virtude e o conhecimento do bem aumentam o domínio da vontade sobre seus atos.

3. A culpa ou/e a responsabilidade de uma ação podem ficar diminuídas e até não existir por ignorância, violência, inadvertência, medo, hábitos, e por fatores psíquicos ou sociais.

Todo ato querido, mesmo que indiretamente, é imputável ao seu autor. Um exemplo claro de culpa é o do motorista que, embriagado, comete homicídio. O efeito de um ato pode não trazer culpa se a pessoa não o quer e não pode evitá-lo.

4. Toda pessoa tem o direito de ser reconhecida como ser livre e responsável. Todos devem respeito aos outros.

O direito ao exercício da liberdade é uma exigência inseparável da dignidade humana, principalmente em matéria moral e religiosa. É um direito que deve ser reconhecido civilmente e protegido nos limites do bem comum e da ordem pública.


*Comentando*

Vivemos numa época em que domina o individualismo. Isso parece legalizar uma idéia errada de que a liberdade seja libertinagem ou direito de se fazer e dizer tudo o que se quer.

Algumas pessoas se esquecem de que onde começa o direito do outro, terminam o seu direito e a sua liberdade. Há de ter respeito, solidariedade e educação. Muitos confundem franqueza com falta de educação.

Vivemos em comunidade, temos de aprender a caminhar com os outros, que não pensam como nós e não possuem a mesma capacidade e os mesmos limites que nós. Aprendendo a viver com o diferente, percebemos o quanto temos de nos educar para dizer que somos aptos a viver em sociedade.

É bom que alguns se conscientizem de que o mundo já existia quando eles chegaram e vai continuar a existir sem eles. É bom perceber que não são "a última palavra" diante da qual todos devem-se inclinar. Respeito faz bem a todos.

## 2. Liberdade humana na economia da salvação

1. *Liberdade e pecado:* A liberdade do homem tem limite e pode falhar, como de fato já falhou. O homem já recusou o projeto do amor de Deus. Foi a primeira alienação, e gerou outras. O mau uso da liberdade gera infortúnios, opressões e sofrimentos.

2. *Ameaças à liberdade:* O exercício da liberdade não dá o direito de dizer ou de fazer tudo.

O homem não se basta a si mesmo. As situações de cegueira e injustiça fazem desprezar as condições de ordem econômica, social e política para o exercício justo da liberdade; prejudicam a vida moral e levam os fracos a se levantarem contra os fortes, rompendo a fraternidade.

3. *Liberdade e salvação:* "É para a liberdade que Cristo nos libertou" (Gl 5,1). O Espírito nos foi dado e, onde Ele estiver, aí está a liberdade (2Cor 3,17). Em Cristo comungamos a verdade que nos torna livres.

4. *Liberdade e graça:* A graça de Cristo não entra em concorrência com a nossa liberdade, quando esta está ordenada para a verdade e para o bem que Deus colocou no coração do homem.

A experiência ensina que quanto mais dóceis formos aos impulsos da graça (da oração), mais crescem nossa liberdade íntima e nossa segurança nas provações e coações do mundo externo.

*Artigo 4*
## A moralidade dos atos humanos

A liberdade faz do homem um sujeito moral, responsável pelos seus atos. Assim os atos humanos – tudo o que a gente faz livremente, após um julgamento da consciência de cada um – são moralmente bons ou maus.

## 1. Fontes da moralidade

Um ato humano para ser bom ou mal, depende:

– do objeto escolhido;
– do fim visado ou da intenção;
– das circunstâncias em que é feito.

Esses são os elementos da moralidade dos atos humanos.

1. *Objeto escolhido:* É um bem ou um mal para o qual se dirige a vontade humana. Essa é a matéria de um ato humano, que de acordo com nossa consciência pode ser bom ou mau.

2. *Intenção:* Ela nasce de quem vai agir ou deixar de agir. Ela está junto com a vontade de quem faz. Isso também faz um ato ser bom ou mau.

A intenção dirige-se para o fim desejado, para aquilo que se quer conseguir. A intenção pode orientar muitas ações ao mesmo tempo. Uma mesma ação pode ter várias intenções.

Uma intenção boa não justifica um comportamento desordenado: o fim não justifica os meios, isto é, não se pode querer uma coisa boa através de meios errados. Uma intenção má torna tudo mau.

3. *As circunstâncias:* São elementos secundários de um ato moral. Ajudam a aumentar ou diminuir a bondade ou a maldade daquilo que fazemos. Elas não modificam o ato. Um ato mau nunca se torna bom por causa das circunstâncias em si.

## 2. Atos bons e atos maus

1. Um ato para ser bom exige a bondade do objeto, da finalidade e das circunstâncias. Uma finalidade má corrompe a ação, mesmo que seu objeto seja bom em si; por exemplo: jejuar e rezar para ser visto pelos homens.

2. O objeto da escolha por si só pode viciar o conjunto de determinado agir. Existem comportamentos concretos, cuja escolha é sempre errônea, pois escolhê-los significa uma desordem da vontade, um mal moral, como, por exemplo, a fornicação.

3. Existem atos que são sempre maus e não dependem da intenção e das circunstâncias, como: blasfêmia, perjúrio, adultério, homicídio.

No entanto, é errado julgar a moralidade dos atos humanos considerando só a intenção que os inspira ou as circunstâncias (meio, ambiente, pressão social, constrangimento etc.).

Não é permitido fazer o mal para que dele resulte um bem.


*Artigo 5*
## A moralidade das paixões

O ser humano ordena-se para as bem-aventuranças por meio de seus atos deliberados: as paixões ou os sentimentos que ele experimenta podem dispô-lo e contribuir para isso.


## 1. As paixões

1. O termo "paixões" pertence ao patrimônio cristão. Paixões e sentimentos designam emoções ou movimentos da sensibilidade que inclinam alguém para agir ou não agir em vista do que é experimentado ou imaginado como bom ou mau.

2. As paixões são componentes naturais do psiquismo humano. Constituem lugar de passagem e garantem a ligação entre o sensível e a vida do espírito. Jesus fala que do coração brotam os sentimentos e as paixões.

3. As paixões são numerosas. A mais forte é o amor provocado pela atração do bem. O amor traz o desejo do bem ausente e anima a esperança de alcançá-lo. Esse movimento traz alegria.

A percepção do mal provoca o ódio, a aversão, o medo do mal que está para chegar. Esse outro movimento traz a tristeza ou a cólera.

4. Todos os sentimentos bons têm sua fonte no coração do homem e levam-no para o bem. Só existe o bem que é amado. As paixões são más se o amor é mau, boas se o amor é bom.

## 2. Paixões e vida moral

1. As paixões em si não são nem boas nem más. À medida que dependem da razão e da vontade, recebem a qualificação moral.

2. As paixões são chamadas voluntárias porque são comandadas pela vontade ou porque a vontade não lhes põe obstáculos. Elas devem ser reguladas pela razão.

3. Os grandes sentimentos não determinam a moralidade nem a santidade das pessoas: são reservatórios de imagens e afeições em que se exprime a vida moral.

4. As paixões são moralmente boas quando contribuem para uma ação boa e são más quando ocorre o contrário. As emoções e os sentimentos podem ser assumidos como virtudes ou transformados em vícios.

5. A perfeição moral faz com que o homem não seja movido ao bem exclusivamente por sua vontade, mas também por seu apetite sensível, conforme a palavra do Salmo: "Meu coração e minha carne exultam pelo Deus vivo" (Sl 84,3).

*Artigo 6*
# A consciência moral

Na intimidade da consciência, o homem descobre uma lei. Ela deve ser obedecida. É uma lei inscrita por Deus no coração do homem. "A consciência é o núcleo secretíssimo e o sacrário do homem, onde ele está sozinho com Deus e onde ressoa sua voz" (*GS* 16).

## 1. O juízo de consciência

1. A consciência julga as escolhas concretas, aprovando as boas e denunciando as más. Quando escuta a consciência, o homem prudente pode ouvir a Deus que fala.

2. A consciência moral é um julgamento da razão pelo qual a pessoa humana reconhece se um ato é bom ou mau. É por esse julgamento que o homem percebe e reconhece as prescrições da lei divina.

3. Em tudo o homem é obrigado a seguir sua consciência naquilo que sabe que é bom e justo.

4. Estar ligado ao seu interior é exigência da interioridade, para não ser levado pelas situações que o impedem de ouvir a voz de Deus.

5. A dignidade da pessoa humana exige retidão da consciência moral. Essa consciência moral compreende a percepção dos princípios de moralidade, sua aplicação a circunstâncias determinadas, segundo um discernimento das razões e dos bens, e um juízo feito sobre atos concretos a serem feitos ou já praticados (um juízo prudente).

6. A consciência sempre vai dizer se alguém é ou não responsável. Mostrada a falta, ela lembra a necessidade de pedir perdão e de praticar o bem.

7. O homem tem o direito de agir segundo sua consciência, e ninguém pode ser obrigado a agir contra a própria consciência.

## 2. A formação da consciência

1. A consciência deve ser formada, educada, e o juízo moral, esclarecido. Uma consciência reta e verdadeira pode ajudar a formar um julgamento segundo a razão de acordo com o bem.

2. A educação da consciência é uma tarefa para a vida inteira. Ela garante a liberdade e traz a paz. Uma educação prudente ensina a virtude, preserva do medo, do egoísmo, dos sentimentos de culpa.

3. Na formação de consciência, a Palavra de Deus é de máximo valor. Ela é luz que ilumina os valores. Os testemunhos e exemplos dos outros ajudam, bem como os ensinamentos da Igreja.

## 3. Escolher segundo a consciência

1. Colocada diante de uma escolha moral, a consciência pode emitir um julgamento correto, de acordo com a razão e com a lei divina, ou um julgamento errôneo, que se afasta delas. Há situações em que o juízo moral é menos seguro e a decisão é difícil.

2. Em situações difíceis de formar um juízo moral, é preciso interpretar os dados da experiência, os conselhos dos outros, os sinais dos tempos e estar aberto ao Espírito Santo.

3. Aqui estão algumas regras que se aplicam a todos os casos:

– Nunca é permitido praticar o mal para dele resultar um bem.

– Regra de ouro: "Tudo aquilo que quereis que os homens vos façam, fazei-o vós a eles".

– A caridade respeita sempre o próximo e sua consciência.

# 4. Juízo errôneo

1. A pessoa tem de obedecer sempre ao juízo certo de sua consciência. Ao agir deliberadamente contra este último, estaria condenando-se.

Mas a consciência pode estar na ignorância e fazer julgamentos errados.

2. Muitas vezes a ignorância pode ser atribuída e imputada à responsabilidade pessoal, porque a pessoa não procura suficientemente a verdade e o bem, obcecando a consciência. Nesse caso a pessoa é culpada.

3. No caso de ignorância invencível, a pessoa não tem culpa ao agir ou ao fazer um julgamento errôneo. Nem por isso o mal feito deixa de ser um mal, uma desordem.

4. A formação da consciência é contínua até chegar a uma reta consciência. A consciência boa e pura é esclarecida pela fé.

*Comentando*

Ao falarmos de ato moral responsável, devemos ter em mente o que a psicologia diz a respeito da capacidade do homem de produzir atos livres, da lucidez exigida para produzi-los nessas condições.

Quando falamos de "plena liberdade", já estamos esbarrando nas questões genéticas, nas questões de formação traumatizante e errada, que nem tempo e tratamento conseguem diluir.

Em teoria pode-se falar de ato totalmente livre, mas na prática fica difícil estabelecer esse grau de liberdade. Daí se entende esse respeito pela consciência, santuário onde se elabora o juízo moral. Não temos como avaliar os critérios e valores usados dentro da consciência do indivíduo para fazer a avaliação moral que ele fez.

Como objeto é fácil dizer que isso ou aquilo é pecado, mas nosso julgamento dos indivíduos é vedado pela falta de informação e pela caridade que nos manda não julgar.

É olhando para todas as limitações humanas, em boa parte invencíveis e que não foram nem pedidas e nem desejadas, mas recebidas como questão "de fato", que acreditamos mais ainda na misericórdia de Deus. Ele perscruta nossos corações, conhece profundamente nosso ser e sabe que, mesmo com um ingente esforço, nunca vamos conseguir mudar coisas que nem nós queríamos que acontecessem como acontecem.

### Artigo 7
## As virtudes

A virtude é uma disposição habitual e firme para fazer o bem. Permite à pessoa não só fazer o bem, mas dar o melhor de si.

O objetivo da vida virtuosa é tornar-se semelhante a Deus.

## 1. As virtudes humanas

1. As virtudes humanas são atitudes firmes, disposições estáveis, perfeições habituais da inteligência e da vontade que regulam nossos atos, ordenando as paixões e guiando-nos segundo a razão e a fé. Pessoa virtuosa é aquela que livremente pratica o bem.

2. As virtudes morais são adquiridas humanamente. São frutos dos atos moralmente bons.

### Distinção das virtudes cardeais

Há quatro virtudes que se chamam "virtudes cardeais"; elas têm a função de dobradiça, de onde vem o nome (*cardo, cardinis,* em latim). Todas as outras virtudes se agrupam em torno delas. São elas: *a prudência, a justiça, a temperança e a fortaleza.*

1. A *prudência* dispõe a nossa razão para discernir em qualquer circunstância o bem e para escolher os meios adequados para realizá-lo. Ela é a regra certa de ação, guia imediatamente ao juízo da consciência.

2. A *justiça* é a virtude moral que consiste na vontade firme e constante de dar a Deus e ao próximo o que lhes é devido. É também chamada virtude da religião. Ensina os homens a respeitar os direitos de cada um e a praticar a eqüidade em prol das pessoas.

3. A *fortaleza* dá segurança nas dificuldades e constância na procura do bem. Leva a pessoa à renúncia e ao sacrifício da própria vida para defender uma causa justa.

4. A *temperança* é a virtude moral que modera a atração para com os prazeres e procura o equilíbrio no uso dos bens do mundo. Assegura o domínio da vontade sobre os instintos e mantém os desejos dentro dos limites da honestidade.

### As virtudes e a graça

As virtudes humanas adquiridas pela educação, por atos deliberados e por uma perseverança são purificadas e elevadas pela graça divina. Com a graça de Deus forjam o caráter e facilitam a prática do bem.

Não é fácil para o homem manter o equilíbrio. Deus concede a graça necessária. Cada um deve pedir essa graça, recorrer aos sacramentos, cooperar com o espírito e seguir seus apelos.

## 2. As virtudes teologais

As virtudes humanas têm sua base nas virtudes teologais, que se referem a Deus e adaptam as faculdades humanas para que o homem possa participar da natureza divina.

As virtudes teologais são infundidas por Deus na alma dos fiéis, para que eles sejam capazes de agir como seus filhos. Elas dão vida a todas as virtudes. São: *fé, esperança e caridade.*

### A fé

1. A fé é a virtude teologal pela qual cremos em Deus, em tudo o que Ele nos revelou e a Santa Igreja nos propõe para crermos. Pela fé o homem se entrega a Deus: "O justo vive da fé" (Rm 1,17).

2. O dom da fé permanece naquele que não pecou contra ela. A fé sem obras é morta (Tg 2,26). A fé sem amor e esperança não une o fiel a Cristo e não faz dele um membro vivo de seu Corpo.

3. O discípulo de Cristo não deve apenas ter e guardar a fé, mas também deve testemunhá-la com firmeza e difundi-la. O serviço e o testemunho da fé são condição de salvação: "Todo aquele que se declarar por mim diante dos homens, também eu me declararei por ele diante de meu Pai que está nos Céus" (Mt 10,32-34).

### A esperança

1. A esperança é a virtude teologal pela qual desejamos de Deus a vida eterna, pondo nossa confiança nas promessas de Cristo e nos apoiando no socorro do Espírito Santo.

2. Essa virtude vem de encontro com a aspiração de felicidade que Deus colocou no coração das pessoas. Ela nos anima em nossas atividades, protegendo-nos contra o desânimo. A esperança nos leva a perseverar até o fim (Mt 10,22).

3. A esperança cristã manifesta-se desde o início na pregação de Jesus no anúncio das bem-aventuranças. As bem-aventuranças nos elevam até ao céu; traçam o caminho no meio das dificuldades e provações.

## A caridade

1. A caridade é a virtude teologal pela qual amamos a Deus sobre todas as coisas e ao nosso próximo por amor a Deus.

2. Jesus fez da caridade um novo mandamento: "Amai-vos uns aos outros" (Jo 15,12). Amando uns aos outros, os discípulos imitam o amor de Jesus. Ele exige o amor a todos, até aos inimigos.

3. A caridade é superior a todas as virtudes; é a primeira de todas e a única que permanece na visão beatífica. O exercício das outras virtudes é animado pela caridade, que é "o vínculo da perfeição" (Cl 3,14).

4. A prática da vida moral, animada pela caridade, dá aos cristãos a liberdade espiritual de filhos de Deus.

5. A caridade tem como frutos a alegria, a paz, a misericórdia.

## 3. Os sete dons e os frutos do Espírito Santo

A vida moral dos cristãos é sustentada pelos dons do Espírito Santo. São disposições permanentes que tornam o homem dócil aos impulsos do Espírito Santo.

Os sete dons são: *sabedoria, inteligência, conselho, fortaleza, ciência, piedade e temor de Deus.*

Os frutos do Espírito são perfeições que o Espírito Santo forma em nós. A Tradição da Igreja enumera doze: *caridade, alegria, paz, paciência, longanimidade, bondade, benignidade, mansidão, fidelidade, modéstia, constância e castidade* (Gl 5,22-23).

*Artigo 8*
# O pecado

## 1. A misericórdia e o pecado

1. O evangelho é a revelação, em Jesus, da misericórdia de Deus para com os pecadores. O mesmo se dá na Eucaristia, sacra-

mento da redenção: "que é derramado por muitos, para a remissão dos pecados" (Mt 26,28).

2. Acolher sua misericórdia exige de nossa parte a confissão de nossas faltas. "Onde avultou o pecado, a graça superabundou" (1Jo 1,8).

3. Deus nos ilumina para percebermos a realidade do pecado em nós, e nossa consciência fará o julgamento. Percebemos nossas faltas e temos a certeza da redenção por parte de Deus.

## 2. A definição de pecado

O pecado é uma falta contra a razão, a verdade, a consciência reta; é a falta de amor verdadeiro para com Deus e para com o próximo, por causa de um apego perverso a certos bens. Foi definido como um ato ou um desejo contrário à lei eterna. Fere a natureza e ofende a solidariedade.

O pecado é uma ofensa a Deus (Sl 51,6) e desvia dele nossos corações; destrói a relação com Deus. É o orgulho e o desprezo de Deus.

É na Paixão, em que a misericórdia de Cristo vai vencê-lo, que o pecado manifesta o grau mais alto de sua violência e de sua multiplicidade. O sacrifício de Cristo torna-se fonte de onde brotará o perdão de nossos pecados.

*Comentando*

Aqui volta a idéia de pecado como ofensa a Deus. Deus tem seu projeto, que chamamos "sonho de Deus": a vida em comunhão, como aparece nos primeiros capítulos do livro do Gênesis.

O pecado faz o rompimento dessa relação, tornando impossível esse projeto. Jesus refaz o projeto e o torna viável; de agora em diante vai depender do querer humano.

Deus não se entristece, não se ofende, e ninguém precisa pagar o resgate. Essas formas humanas de expor a noção de pecado caracterizam Deus como um Ser vingativo, que se aplaca com o sangue de seu Filho, e mostram Deus numa figura humana que sofre e se magoa.

Na catequese, precisamos olhar o pecado como um problema nosso, que destrói a possibilidade de vida, e de vida em comunhão e fraternidade. Nós fazemos o pecado, nós nos destruímos e destruímos a vida e todas as relações. O pecado tem dimensões pessoais e sociais. Deus é a plenitude de felicidade, jamais tocável por nossas misérias e nossa falta de senso, juízo e maldade.

## 3. A diversidade dos pecados

1. É grande a variedade do pecado. As Escrituras apresentam várias listas (Gl 5,19-21). A raiz do pecado está no coração do homem, em sua livre vontade (Mt 15,19-20).

2. Podemos definir os pecados segundo os mandamentos e as virtudes a que eles se opõem ou classificá-los por dizerem respeito a Deus, ao próximo ou a si mesmo. É possível, ainda, dividi-los em pecados por pensamentos, palavras, ações ou omissões.

## 4. A gravidade dos pecados: pecado mortal e venial

1. O pecado é avaliado segundo sua gravidade. O que percebíamos nas Escrituras se impôs na Tradição da Igreja: a distinção entre pecado mortal e venial.

2. O pecado mortal destrói a caridade no coração humano por uma infração grave da lei de Deus; desvia o homem de Deus.

3. O pecado venial não destrói a caridade, embora a ofensa a fira.

4. O pecado mortal destrói o princípio da vida, que é a caridade; exige uma nova iniciativa da misericórdia de Deus e uma

conversão do coração, o que acontece normalmente no sacramento da Reconciliação.

5. Três são as condições, ao mesmo tempo, para que um pecado seja mortal:

– matéria grave;
– pecado cometido com plena consciência ou conhecimento;
– pecado cometido deliberadamente (ter liberdade para querer aquilo).

6. A matéria grave é precisada pelos Dez Mandamentos. O pleno conhecimento e o pleno consentimento pressupõem o conhecimento do caráter pecaminoso do ato; envolve em um consentimento suficientemente deliberado por ser uma escolha pessoal.

7. A ignorância involuntária pode diminuir e até escusar a imputabilidade de uma falta grave. Na ignorância involuntária, a pessoa pode não ser culpada pelo que fez. As paixões, pressões exteriores e perturbações psicológicas e patológicas reduzem o caráter voluntário e livre da falta.

8. O pecado mortal acarreta a perda da graça santificante e da caridade, que serão recuperadas no arrependimento e no perdão. Aqui vale mais a misericórdia de Deus.

9. Comete-se um pecado venial quando não se observa, em matéria leve, a medida prescrita pela lei moral, ou quando se desobedece, em matéria grave, essa lei, mas sem pleno conhecimento ou pleno consentimento. O pecado venial enfraquece a caridade, impede o progresso no exercício das virtudes; merece penas temporais. Ele não priva da graça santificante, embora, quando deliberado, predisponha para o pecado mortal.

10. Todos os pecados têm perdão, menos a blasfêmia contra o Espírito Santo. Esse pecado é a não-aceitação deliberada da misericórdia de Deus e rejeição do perdão de seus pecados e da salvação oferecida pelo Espírito Santo. Não há como perdoar quem não quer o perdão.

*Comentando*

Aqui podemos perceber que as orientações sobre o pecado grave são para ajudar a formar a consciência, por isso aparecem dessa forma. Estão bem acentuadas as condições para que algo seja pecado mortal. O problema é dizer quando uma pessoa consegue produzir um ato com pleno conhecimento e com pleno consentimento. Em tese tudo é possível, mas na prática é difícil afirmar.

Hoje vivemos em um mundo perturbado e neurótico que não permite pensar, refletir. O volume de informações é muito grande, não se tem tempo para amadurecê-las. Os problemas psíquicos, psicológicos, genéticos e de pressões externas não dão chance para a pessoa agir com liberdade e consentimento. Somos quase produtos do meio em que vivemos.

Isso também não isenta os que não querem ver e cultivar a sensibilidade para perceber os apelos da lei natural em seus corações. Não isenta aqueles que não querem ouvir os chamados do Evangelho. Temos de dizer: "Nem tanto ao mar, nem tanto à terra".


# 5. A proliferação do pecado

1. O pecado cria uma inclinação para o pecado; gera o vício pela repetição dos mesmos atos. Destrói os sentimentos bons; obscurece a consciência; impede uma correta visão do que é bom ou mau. O pecado encerra em si uma tendência a se reproduzir, mas não consegue destruir o senso moral até a raiz.

2. Os vícios podem ser classificados segundo as virtudes que contrariam ou segundo os pecados capitais (que geram outros pecados: *orgulho, avareza, inveja, ira, impureza, gula, preguiça ou acídia*).

3. Há ainda os pecados que "bradam aos céus": *o fratricídio (Caim e Abel); os pecados dos sodomitas (Gn 18,20; 19,13); o cla-*

*mor do povo no Egito; a queixa do estrangeiro, da viúva e do órfão (Êx 22,20-22); a injustiça contra o assalariado (Dt 24,14-15).*

4. O pecado é um ato pessoal, mas somos todos responsáveis pelos pecados dos outros, quando:

– participamos deles direta e voluntariamente;
– mandamos, aconselhamos, louvamos ou aprovamos os pecados;
– não os revelamos ou não os impedimos, quando somos obrigados a isso;
– protegemos os que fazem o mal.

5. Os pecados provocam situações sociais e instituições contrárias à bondade divina. As "estruturas de pecado" são a expressão e o efeito dos pecados pessoais. Em sentido análogo, é o "pecado social".

# Capítulo II

## A COMUNIDADE HUMANA

A vocação da humanidade consiste em manifestar a imagem de Deus e se tornar um novo Cristo. Há nisso uma dimensão pessoal que chama a pessoa a entrar nas bem-aventuranças divinas, mas também é chamado para toda a comunidade humana.

*Artigo 1*
### A pessoa e a sociedade

### 1. O caráter comunitário da vocação humana

1. Todos os homens são chamados para o mesmo fim, que é Deus.

2. Há certa semelhança entre a unidade das pessoas divinas e a fraternidade que os homens devem estabelecer entre si, na verdade e no amor. O amor ao próximo é inseparável do amor a Deus.

3. A pessoa humana tem necessidade de vida social. É uma exigência de sua própria natureza. São importantes os intercâmbios, a reciprocidade de serviços, o diálogo com os irmãos.

4. Uma sociedade é um conjunto de pessoas ligadas de maneira orgânica por um princípio de unidade, que vai além de cada uma dessas pessoas.

Uma sociedade perdura no tempo, recolhe o passado e prepara o futuro. Tudo isso forma o patrimônio é oferecido ao homem.

Cada um faz parte de uma comunidade e deve dedicar-se a ela, além de respeitar as autoridades encarregadas do bem comum.

5. Cada comunidade se define conforme sua finalidade e obedece a regras específicas, mas em tudo se deve levar em conta a pessoa humana, como princípio, sujeito e fim de todas as instituições sociais.

6. Para favorecer a participação de maior número na vida social, é preciso encorajar a criação de instituições de livre escolha com fins econômicos, culturais, sociais e religiosos, tanto no âmbito interno como no âmbito mundial.

Essa socialização responde a uma tendência natural de os homens se associarem para atingir objetivos que vão além das capacidades pessoais. Em comunidade, as pessoas podem conseguir muito mais do que trabalhando sozinhas.

7. A socialização traz também perigos. Uma intervenção acentuada do estado pode ameaçar a liberdade e a iniciativa das pessoas.

8. Segundo o princípio da subsidiaridade, "uma sociedade de ordem superior não deve interferir na vida interna da sociedade inferior, privando-a de suas competências, mas deve apoiá-la e ajudá-la a coordenar suas ações tendo em vista o bem comum".

9. O princípio de subsidiariedade opõe-se a qualquer forma de coletivismo; traça limites para a intervenção do Estado; instaura uma verdadeira ordem internacional.

10. Deus não quis reter para si o exercício de todos os poderes. Confiou na pessoa humana e a chamou para gerenciar o mundo com sua capacidade e sua liberdade. Os seres humanos, porém, devem comportar-se como ministros da providência divina.

## 2. A conversão e a sociedade

1. A sociedade é indispensável à realização da vocação humana. Para se alcançar o objetivo, é necessário que seja respeitada a justa hierarquia dos valores que subordina as necessidades materiais e instintivas às necessidades interiores e espirituais.

2. *A intercomunicação de conhecimento à luz da verdade, o exercício de direitos, o cumprimento de deveres, o incentivo e o apelo aos bens morais, o gozo comum do belo em todas as suas legítimas expressões, a aspiração comum a um enriquecimento espiritual e a disponibilidade para comunicar ao outro o melhor de si mesmo* são os valores que devem animar e orientar a atividade cultural, a vida econômica, a organização social, os regimes políticos, a legislação e todas as expressões da vida social em evolução.

3. Onde o pecado perverte o fim social, deve haver conversão dos corações e procura de saneamento conveniente, conforme as normas da justiça.

4. Sem a graça de Deus, os homens são incapazes de discernir o caminho estreito entre a covardia que cede ao mal e a violência, e, na ilusão de o estarem combatendo, mais o agravam.

5. A caridade é o maior mandamento social e o caminho para tornar o homem capaz de construir uma sociedade justa e fraterna.


*Artigo 2*
## A participação social

## 1. A autoridade

1. Toda sociedade bem constituída e fecunda é presidida por uma autoridade que salvaguarde as instituições e dedique o necessário ao trabalho e ao bem comum.

2. Autoridade é aquela pessoa e/ou instituição que fazem leis, dão ordens e esperam obediência.

3. A autoridade exigida pela ordem moral vem de Deus, por isso exige obediência e respeito, e não se pode opor à autoridade estabelecida por Deus (Rm 13,1-2).

4. Cabe aos cidadãos a escolha dos regimes políticos e dos governantes. É admissível a diversidade de regimes políticos, desde que procurem o bem comum.

5. A autoridade não adquire por si mesma sua legitimidade moral. Esta só existe se a autoridade for exercida legitimamente na procura do bem comum do grupo e na escolha de meios lícitos para alcançá-lo. Onde há abuso de poder, não há autoridade legítima e nem os cidadãos estão obrigados a obedecer.

6. No princípio do direito é soberana a lei, e não a vontade arbitrária dos homens. Por isso, todo poder deve ser equilibrado por outros poderes e por outras esferas de competência que o mantenham no seu limite.

## 2. O bem comum

1. O bem comum é o conjunto daquelas condições da vida social que permitem aos grupos e a cada um de seus membros atingirem de maneira mais completa e desembaraçada a própria perfeição (*GS* 26).

2. De acordo com a natureza social do homem, o bem de cada um está relacionado com o bem comum. O bem comum interessa à vida de todos. O interesse particular deve ceder às exigências do bem comum.

3. O bem comum comporta três elementos:

– respeito à pessoa como tal, a seus direitos fundamentais e inalienáveis, ao direito de realizar sua vocação, à permissão do exercício das liberdades naturais indispensáveis para o desenvolvimento da vocação humana;

– exigência do bem-estar social e do desenvolvimento do próprio grupo. O desenvolvimento é o resumo de todos os deveres sociais. A autoridade deve servir de árbitro, em nome do bem comum, entre os diversos interesses particulares, e deve tornar acessível a cada um o necessário para uma vida digna e humana: vestuário, saúde, educação, cultura, informação conveniente, direito de fundar um lar etc.;

– a paz, isto é, uma ordem justa, duradoura e segura. Supõe o uso de meios honestos, a segurança da sociedade e de seus membros, o direito à legítima defesa pessoal e coletiva.

Cabe ao Estado promover e defender o bem comum da sociedade civil, dos cidadãos e dos organismos intermediários.

A unidade da família humana implica um bem comum universal; isso exige atenção e meios para atender às várias necessidades dos homens no campo, na vida social, em certas condições particulares (sofredores, refugiados, emigrantes etc.).

## 3. Responsabilidade e participação

1. A participação é o envolvimento voluntário e generoso da pessoa nas relações sociais. Cada um participa de acordo com o lugar que ocupa, com o papel que desempenha, na promoção do bem comum. É dever inerente à dignidade da pessoa humana.

2. Todos devem, na medida do possível, tomar parte ativa na vida pública, assumindo com responsabilidade pessoal setores como parceiros sociais.

3. A participação de todos na vida pública é um dever ético. A fraude e outros subterfúgios pelos quais se escapam

das malhas da lei e das prescrições do dever devem ser condenados. São contra a justiça.

4. A participação começa pela educação e pela cultura. Compete às autoridades fortalecer os valores que animam os membros a se colocarem a serviço de seus semelhantes.

*Artigo 3*
## A justiça social

A sociedade garante justiça social quando realiza as condições que permitam às associações e a cada membro obter o que lhe é devido. Ela está ligada ao bem comum e à autoridade.

## 1. O respeito à pessoa humana

Só se consegue justiça social no respeito à dignidade do homem. A pessoa representa o fim último da sociedade.

O respeito à pessoa humana exige respeito aos seus direitos que decorrem de sua dignidade como criatura. No desrespeito a esses direitos, uma sociedade perde sua legitimidade moral.

Compete à Igreja lembrar aos homens esses direitos e fazer as distinções das reivindicações falsas e abusivas.

O respeito pela pessoa exige que cada um respeite o próximo, sem exceção, como "outro eu", levando em conta sua vida e os meios necessários para mantê-la digna.

A doutrina de Cristo vai até o ponto de exigir o perdão das ofensas. A libertação do espírito é incompatível com o ódio ao inimigo.

## 2. Igualdade e diferenças entre os homens

1. A igualdade entre os homens assenta-se sobre sua dignidade pessoal e sobre os direitos que nascem dessa dignidade. Temos a mesma natureza e a mesma origem.

2. O homem não nasce completo, precisa dos outros. Aí aparecem as diferenças ligadas a idade, condições físicas e aptidões intelectuais ou morais que podem beneficiar a um e a outro. É plano de Deus que um receba do outro aquilo de que precisa. Isso estimula a ser benigno e magnânimo, a ser benevolente e a partilhar.

3. Existem também desigualdades iníquas que atingem milhões de pessoas e se acham abertamente em contradição com os Evangelhos.

## 3. A solidariedade humana

1. O princípio da solidariedade humana, anunciado sob o nome de "amizade ou caridade social", é uma exigência direta da fraternidade humana e cristã. É uma virtude cristã que pratica a partilha dos bens espirituais e materiais.

2. Ela se manifesta na distribuição dos bens e na remuneração do trabalho. Pede uma ordem social mais justa, que ajude a superar as tensões e encontre solução para os conflitos mais facilmente, através do consenso.

3. Os problemas socioeconômicos só podem ser resolvidos através de todas as formas de solidariedade: entre pobres e ricos; trabalhadores, patrões e empregados; nações e povos.

4. A solidariedade vai além dos bens materiais. Difundindo os bens da fé, a Igreja ajudou muito o desenvolvimento dos bens temporais. Ensina a buscar o Reino de Deus e a sua justiça para receber os demais (Mt 6,33).

# Capítulo III

# A SALVAÇÃO DE DEUS:
## A LEI E A GRAÇA

Chamado à felicidade, o homem, ferido pelo pecado, tem necessidade da salvação de Deus. O socorro lhe é dado por Cristo, pela lei que o dirige e na graça que o sustenta.

*Artigo 1*
## A lei moral

A lei moral, no sentido bíblico, é uma instrução paterna de Deus que prescreve aos homens o caminho que leva à felicidade prometida e proscreve o caminho do mal.

A lei é uma regra de comportamento promulgada pela autoridade competente em vista do bem comum. Ela supõe uma ordem racional estabelecida entre as criaturas, em vista de seu fim, pelo poder de Deus Criador.

Toda lei encontra na lei eterna sua verdade primeira. É revelada e estabelecida pela razão como participação na providência de Deus. A essa ordenação se dá o nome de Lei.

Há muitas expressões para designar a lei moral: lei eterna, fonte, em Deus, de todas as leis; lei natural; lei revelada (Lei Antiga e Nova Lei); enfim leis civis e eclesiásticas.

A lei moral encontra em Cristo sua plenitude e sua unidade. Ele é o fim da lei (Rm 10,4).

# 1. A lei moral natural

1. O homem participa da sabedoria e da bondade de Deus, que lhe confere o domínio de seus atos e a capacidade de governar em vista da verdade e do bem. A lei natural exprime o sentido da lei moral original, que permite ao homem discernir, pela razão, o que são o bem e o mal, a verdade e a mentira.

2. A lei natural está gravada no coração, na alma de cada pessoa; ela permite ao homem discernir, pela razão, o bem do mal. Porque a razão a promulga como algo próprio da natureza humana, a chamada lei natural.

3. Presente no coração de cada homem e estabelecida pela razão, a lei natural é universal em seus preceitos, e sua autoridade se estende a todos os homens. Ela exprime a dignidade da pessoa e determina a base de seus direitos e deveres fundamentais.

4. A aplicação da lei natural varia muito. Exige uma reflexão adaptada às múltiplas condições de vida, de acordo com lugares, épocas e circunstâncias.

5. A lei natural é imutável. Ela subsiste às variações da história, das idéias e dos costumes. Não é possível arrancá-las do coração.

6. A lei natural fornece as bases para se construírem as regras morais e a comunidade dos homens.

7. Os preceitos da lei natural não são percebidos por todos de maneira clara e distinta. Para nós, pecadores, são necessárias a graça e a redenção para que as verdades religiosas e morais sejam conhecidas por todos sem mistura de erros.

*Comentando*

A lei natural está escrita, gravada em nossos corações. Ninguém nos precisaria dizer que ódio, roubo, violência, assassinato, homicídio, abuso de pessoas e muitas outras coisas são excluídos por Deus e não fazem parte do ser humano.

Mesmo que alguém diga que isso é normal, em seu coração a voz da consciência continua dizendo que está errado.

Há casos, porém, em que a pessoa já perdeu toda a sensibilidade e a capacidade de raciocinar. Na prática, não é mais um ser racional em suas ações; é um doente, um psicopata, um animal. Este não vai mesmo perceber e sentir os apelos da natureza e de Deus no fundo de seu coração. Quando falta a razão, então tudo é válido de acordo com o fim que se deseja.

Partindo disso, ninguém pode falar que Deus não existe, pois entra em conflito consigo mesmo. Ninguém pode falar que a lei natural não existe; pode viver como se ela não existisse.

Na verdade, sempre se pode alegar a falta de percepção, a falta de lucidez, a falta de liberdade para agir de forma diferente.

O homem tem condição de, por si mesmo, descobrir todos os valores preconizados pela lei natural, a não ser que seja um doente ou um mentalmente incapaz.

## 2. A Lei Antiga

A Lei Antiga, promulgada por Deus ao povo de Israel, é o primeiro estágio da Lei revelada. Seus preceitos morais estão resumidos no Decálogo, que coloca as bases da vocação do homem. Tudo isso já estava no coração do homem, mas ele não conseguia ler. São verdades acessíveis à luz da razão.

Essa lei é ainda imperfeita e vai chegar à sua perfeição com os Evangelhos. A pedagogia de Deus é levar o homem por esses caminhos. A Lei Antiga é a preparação para o Evangelho.

## 3. A Nova Lei ou Lei evangélica

1. A Lei evangélica é a perfeição, na terra, da lei divina, natural e revelada. É obra de Cristo e tem seu cume no Sermão da Montanha.

2. A Nova Lei é a graça do Espírito Santo dada aos fiéis pela fé em Cristo. Ela opera pela caridade, ensina o que é preciso fazer, e serve-se dos sacramentos para nos comunicar a graça de fazê-lo.

3. A Nova Lei ultrapassa a Lei Antiga; dá pleno cumprimento a ela e a aperfeiçoa. Não muda ou desvaloriza a Lei Antiga, mas reforma a raiz dos atos, o coração humano, sem acrescentar novos preceitos exteriores. Leva a lei à plenitude, imitando o Pai celeste, pelo perdão dos inimigos e através da oração pelos perseguidores de acordo com a generosidade divina.

4. A Nova Lei é a lei do amor; ensina a prática dos atos da religião (esmola, oração, jejum, partilha), é uma lei da graça, da liberdade.

5. Além dos preceitos, a lei comporta os Conselhos Evangélicos que o Senhor propõe aos seus discípulos, favorecendo a santidade da Igreja.

6. Os Conselhos Evangélicos manifestam a plenitude viva da caridade; indicam caminhos mais diretos, meios mais fáceis, e devem ser praticados conforme a vocação de cada um.

*Artigo 2*
## Graça e justificação

## 1. A justificação

1. A justificação é a purificação dos nossos pecados pela graça do Espírito Santo. Ela nos torna justos pela fé em Jesus e pelo batismo.

2. A primeira obra da graça do Espírito Santo é a conversão que opera a justificação segundo o anúncio de Jesus no Evangelho: "Arrependei-vos, porque está próximo o Reino dos Céus" (Mt 4,17). Levado pela graça, o homem volta para Deus e rompe com o pecado.

3. A justificação traz a remissão dos pecados, a santificação e a renovação do homem interior.

4. A justificação é uma iniciativa de Deus, que primeiro nos amou e em sua misericórdia nos oferece o perdão, que nos reconcilia com Ele e nos liberta do pecado.

5. A justificação nos foi merecida pela Paixão de Cristo, que se ofereceu na cruz como hóstia viva, santa e agradável a Deus, e cujo sangue se tornou instrumento de propiciação pelos pecados de toda a humanidade.

6. A justificação estabelece a colaboração entre a graça de Deus e a liberdade do homem que aceita e acolhe sua Palavra.

## 2. A graça

1. A graça é o favor, o socorro gratuito que Deus nos dá para realizar o convite de nos tornarmos filhos de Deus, participantes da natureza divina, e sermos felizes.

2. A graça é uma participação na vida divina; coloca-nos na santidade da vida de Deus. Tudo se inicia no batismo.

3. Esse chamado para a comunhão com Deus é sobrenatural. Depende da iniciativa de Deus; é Deus quem dá, por isso chama-se "graça". Só Deus pode dar-se a si mesmo. Essa vocação ultrapassa a nossa inteligência e as forças da vontade.

4. A graça santificante é um dom gratuito infundido em nossa alma pelo Espírito Santo, para curá-la do pecado e santificá-la. Ela é concedida no batismo.

5. Ela é um dom habitual, sobrenatural e estável para aperfeiçoar a alma e torná-la capaz de viver e agir com Deus.

6. Uma graça habitual é diferente de uma graça atual porque a primeira é uma disposição permanente e a segunda é uma intervenção de Deus para nossa conversão durante nossa caminhada.

7. A própria preparação do homem para acolher a graça já é obra dela. Nós cooperamos com a graça divina.

8. A graça, iniciativa de Deus, supõe uma resposta livre do homem, porque só pode estar em comunhão com Deus quem o aceita livremente.

9. O Espírito nos concede seus dons para o crescimento do Corpo de Cristo, no qual estamos colocados. São as graças sacramentais. Cada sacramento confere sua graça.

10. Além dessas graças, existem os carismas, que são graças especiais, gratuitas, como um favor que Deus nos concede. Eles estão a serviço da comunidade e do crescimento da Igreja.

11. Entre as graças especiais estão as graças de estado que acompanham o exercício das responsabilidades da vida cristã e dos ministérios na Igreja (Rm 12,6-8).

12. Conhecemos a graça só pela fé, pois ela escapa à nossa experiência. Os frutos são sinais de que a graça de Deus está operando em nós (Mt 7,20).

## 3. O mérito

1. O mérito é uma retribuição devida por uma comunidade ou sociedade à ação de um de seus membros, sentida como boa ou má, digna de recompensa ou castigo.

2. Diante de Deus, o homem não merece nada. Deus o amou e resolveu dar-lhe a salvação. Os méritos são da graça de Deus, em primeiro lugar; em segundo lugar, podem ser atribuídos ao fiel que se abre e coopera com Deus.

3. A adoção filial, o "ser filho de Deus", pode trazer-nos merecimentos verdadeiros, segundo a justiça de Deus. Mas mesmo os nossos méritos são dons da bondade divina.

4. A primeira graça na origem da conversão é iniciativa de Deus. As outras graças, pelo dom de Deus, podemos alcançar através de nossas orações e de nossa fidelidade.

5. Por estar unida a Cristo pela graça, a pessoa pode ter assegurados a qualidade sobrenatural de seus atos e os méritos desses atos diante de Deus e dos homens. Nossos merecimentos são graças de Deus.

## 4. A santidade cristã

Todos os fiéis cristãos são chamados à plenitude da vida cristã e à perfeição da caridade. Todos são chamados a serem santos.

Alguns alcançam um progresso espiritual que os leva a uma união mais íntima com Cristo. Essa união recebe o nome de "mística": uma vida na contemplação de Deus.

O caminho da perfeição passa pela cruz. A santidade exige renúncia e firmeza no combate espiritual. Esse é o caminho da ascese cristã e da mortificação, que ajudam a viver em paz e na felicidade com Deus. A perfeição não tem limite.

Por enquanto, vivemos na esperança, pedindo e esperando perseverar até o fim para podermos receber a recompensa que Deus dá: a vida eterna.

*Artigo 3*
## A Igreja, mãe e educadora

1. Os cristãos realizam sua vocação em comunhão com todos os demais cristãos, em comunidade. Na Igreja, recebe a Palavra de

Deus e a graça dos sacramentos, aprende os exemplos de santidade, reconhece Maria como figura e fonte da Igreja.

2. A vida moral é um culto espiritual, no qual oferecemos nossos corpos como hóstias vivas, santas e agradáveis a Deus (Rm 12,1). É uma oferta que se faz em comunhão com a Eucaristia. Na Liturgia, na celebração dos sacramentos, na oração e na doutrina, conjugados com a graça de Deus, o agir cristão é iluminado e alimentado. Mas a Eucaristia é fonte da vida moral.

## 1. Vida moral e magistério da Igreja

1. A Igreja recebeu dos Apóstolos o mandamento de Cristo de pregar a verdade da salvação. Por isso, compete a ela a missão de anunciar sempre os princípios morais, mesmo os referentes à ordem social, e de pronunciar-se sobre qualquer questão humana, enquanto o exigirem os direitos fundamentais da pessoa humana e a salvação das pessoas.

2. O Magistério da Igreja é responsável pelo "depósito da fé" e da moral cristã. Esse magistério dos pastores é exercido ordinariamente na catequese e na pregação, com o auxílio de teólogos e de autores espirituais.

3. A infalibilidade do Magistério estende-se a todos os elementos da doutrina, incluindo a moral. A autoridade do magistério estende-se também aos preceitos específicos da lei natural, recordando a vontade do Criador.

4. Os fiéis têm o direito de ser instruídos nos preceitos divinos salvíficos e têm o dever de observar as constituições e os decretos promulgados pela Igreja. As decisões disciplinares exigem docilidade na caridade.

5. Na obra de ensinar e aplicar a moral cristã, a Igreja necessita da dedicação dos pastores, da ciência dos teólogos, da contribuição de todos os cristãos que fazem uma experiência da vida

"em Cristo". Os ministérios devem ser exercidos em espírito de serviço fraterno e dedicação à Igreja. No exercício da formação da consciência cristã, o fiel tem de se abrir à consideração do bem de todos. Deve haver um espírito de amor filial à Igreja.

## 2. Os mandamentos da Igreja

1. Os mandamentos da Igreja estão ligados à vida litúrgica e dela se alimentam. O caráter obrigatório dessas leis dadas pelas autoridades pastorais visa garantir aos fiéis o mínimo indispensável no crescimento do amor a Deus e ao próximo, no esforço moral e na oração (cf. n. 2042/3):

– 1º Mandamento: "Participar da missa inteira nos domingos e de outras festas de guarda e abster-se de ocupações de trabalho".
– 2º Mandamento: "Confessar-se ao menos uma vez por ano".
– 3º Mandamento: "Receber o sacramento da Eucaristia ao menos pela Páscoa da ressurreição".
– 4º Mandamento: "Jejuar e abster-se de carne, conforme manda a Santa Mãe Igreja".
– 5º Mandamento: "Ajudar a Igreja em suas necessidades".

2. O primeiro mandamento ordena aos fiéis que santifiquem os dias em que se comemoram a ressurreição do Senhor e as grandes festas litúrgicas, participando da celebração da Eucaristia, abstendo-se de trabalhos e negócios que impeçam a santificação desses dias.

3. O segundo mandamento assegura a preparação para a Eucaristia através do sacramento de reconciliação, que continua a obra de conversão e perdão do batismo.

4. O terceiro mandamento garante um mínimo na recepção do Corpo e Sangue de Cristo em ligação com as festas pascais.

5. O quarto mandamento determina os tempos de ascese e penitência que nos preparam para as festas litúrgicas e nos ajudam a adquirir o domínio sobre nossos instintos e a libertação do coração.

6. O quinto mandamento recorda aos fiéis a dever de ir ao encontro das necessidades materiais da Igreja, cada um conforme as próprias possibilidades (*CIC* 222).

*Comentando*

A reformulação dos Mandamentos da Igreja não trouxe novidades, a não ser no que diz respeito ao quinto mandamento, que deixa de falar sobre o dízimo. O modo de falar do Catecismo parece não acentuar o rigor anterior. Não se fala mais em pecados graves na não-observância desses mandamentos, porque a finalidade, segundo o próprio Catecismo, é "garantir aos fiéis um mínimo indispensável no espírito de oração, no esforço moral, no crescimento no amor a Deus e ao próximo" (n. 2041).

Isso não parece mais ser matéria grave; resta, porém, a obediência filial. Seria bom que o Catecismo fosse mais claro nesse ponto.

Por outro lado, não há como obrigar, sob pecado grave, a ir à missa, quando não temos condição de abrigar a todos, caso todos resolvam comparecer. São realidades a serem pensadas sob a ótica da vida moderna. O perigo está na preocupação de fazer cumprir a lei, o que fatalmente produziria cristãos medíocres.

## 3. Vida moral e testemunho missionário

1. O testemunho dos batizados é condição primordial para o anúncio do Evangelho e para a missão da Igreja no mundo. O testemunho torna autêntica a mensagem da salvação.

2. Pela constância de suas convicções e de seus costumes, os cristãos contribuem para a edificação da Igreja.

3. Pela sua vida, segundo Cristo, os cristãos já tornam presente, mas não totalmente, o Reino de Justiça, de Verdade e de Paz.

*Comentando*

Na verdade, esses pontos acima não expressam bem a força do testemunho. Faz parte da missão da Igreja e de cada um de nós anunciar os valores do Reino. O testemunho dá autenticidade à mensagem e ajuda na transformação da sociedade. Mas ele faz parte da identidade do cristão e da própria Igreja, como expressão de fé e vitalidade da Igreja.

O testemunho de vida é expressão da satisfação, da alegria e da paz que nascem da vivência do Evangelho.

*Segunda seção*

# OS DEZ MANDAMENTOS

Visão global: verificaremos como os mandamentos aparecem no Êxodo, no Deuteronômio e na Fórmula Catequética de hoje.

## Êxodo 20,2-17

"Eu sou o Senhor, teu Deus, que te fez sair da terra do Egito, da casa da servidão. Não terás outros deuses diante de mim. Não farás para ti imagem esculpida de nada que se assemelhe ao que existe lá em cima, nos céus, ou embaixo da terra, ou nas águas que estão debaixo da terra. Não te prostrarás diante desses deuses e não os servirás, porque eu, o Senhor, teu Deus, sou um Deus ciumento, que puno a iniqüidade dos pais nos filhos, até a terceira e quarta geração dos que me odeiam, e faço misericórdia até a milésima geração àqueles que me amam e guardam meus mandamentos.

Não pronunciarás em vão o nome do Senhor, teu Deus, porque o Senhor não deixará impune aquele que pronunciar em vão o seu nome.

Lembra-te do dia do sábado para santificá-lo. Trabalharás seis dias, e farás todas as tuas obras. O sétimo dia, porém, é o sábado do Senhor, teu Deus. Não farás nenhum trabalho, nem tu, nem teu filho, nem tua filha, nem teu escravo, nem tua escrava, nem teu animal, nem o estrangeiro que está em tuas portas. Porque em seis dias o Senhor fez o céu, a terra, o mar e tudo o que eles contêm, mas repousou no sétimo dia; por isso o Senhor abençoou o dia do sábado e o santificou.

Honra teu pai e tua mãe, para que se prolonguem teus dias na terra que o Senhor, teu Deus, te dá.

Não matarás.

Não cometerás adultério.

Não roubarás.

Não apresentarás falso testemunho contra o teu próximo.

Não cobiçarás a casa de teu próximo, não desejarás sua mulher, nem seu servo, nem sua serva, nem seu boi, nem seu jumento, nem coisa alguma que pertença a teu próximo.

## Deuteronômio 5,6-21

Eu sou o Senhor, teu Deus, aquele que te fez sair da terra do Egito, da casa da servidão. Não terás outros deuses além de mim...

Não pronunciarás em vão o nome do Senhor, teu Deus...

Guardarás o dia de sábado para santificá-lo.

Honrarás teu pai e tua mãe.

Não matarás

Não cometerás adultério.

Não roubarás.

Não apresentarás falso testemunho contra o teu próximo.

Não cobiçarás a mulher de teu próximo.

Não desejarás coisa alguma que pertença a teu próximo.

## Fórmula catequética

Amar a Deus sobre todas as coisas.

Não tomar seu santo nome em vão.

Guardar os domingos e festa de guarda.

Honrar pai e mãe.

Não matar.

Não pecar contra a castidade.

Não furtar.

Não levantar falso testemunho.

Não desejar a mulher do próximo.

Não cobiçar as coisas alheias.

\*\*\*

## "Mestre, que devo fazer?"

1. Jesus apontou o Decálogo como caminho para se conseguir a vida eterna (Mt 19,16-19) e lhe dá novo sentido, concentrando tudo no amor ao próximo.

2. O seguimento de Cristo inclui a observância dos Dez Mandamentos e depois disso vem o convite: "Vem e segue-me" (Mt 19,21).

3. Jesus não aboliu a Lei Antiga, mas a retoma, dando-lhe novo significado, e acrescenta a ela os Conselhos evangélicos, os convites para um seguimento mais radical do Evangelho.

4. Os Dez Mandamentos devem ser lidos à luz do duplo sentido da caridade: amar a Deus sobre todas as coisas e ao próximo como a si mesmo (Mt 22,37-40).

## O Decálogo na Sagrada Escritura

1. A palavra Decálogo significa "Dez Palavras". Deus revelou essas palavras a seu povo com carinho especial e de forma diferente dos outros preceitos escritos por Moisés: "Escreveu com seu dedo" (Dt 5,22; Êx 31,18). Aparecem nos livros Êxodo e Deuteronômio, mas os livros sagrados fazem referências às dez palavras.

2. O Decálogo deve ser entendido no contexto do Êxodo; indica uma condição de uma vida liberta da escravidão. Para nós também é um caminho de vida (Dt 30,16).

3. As Dez Palavras resumem e proclamam a lei de Deus. São o dom de Deus e de sua vontade. Lembram a proposta da Aliança e o compromisso do povo (Dt 5,2-4). Lembram também o amor primeiro de Deus por seu povo.

## O Decálogo na Tradição da Igreja

1. A Tradição da Igreja reconheceu e sempre valorizou o Decálogo e lhe deu um lugar importante na catequese. No século XV, adotou-se a forma atual, mais fácil para memorizar. Os catecismos da Igreja sempre expõem a moral cristã seguindo a ordem dos Mandamentos.

2. A divisão e a numeração dos Mandamentos têm variado no decorrer da história. Hoje seguimos a divisão dos mandamentos, estabelecida por Santo Agostinho, que é o tradicional nas Igrejas Católica e Luterana. As Igrejas Ortodoxas e comunidades reformadas usam outra divisão.

3. Podemos dizer que os três primeiros mandamentos referem-se ao amor a Deus e aos demais, ao amor ao próximo. Eles obrigam os cristãos.

## A unidade do Decálogo

O Decálogo forma uma unidade inseparável. Uma palavra remete à outra, e elas se condicionam. Elas foram retomadas por Jesus, que as resumiu num único mandamento: Amai-vos uns aos outros. Ninguém ama a Deus ofendendo ao próximo.

## O Decálogo e a lei natural

Os Mandamentos pertencem à revelação de Deus. É uma expressão especial da lei natural, que está no coração de todo homem. Deus quis revelá-los, apesar de serem acessíveis à razão. Assim conhecemos os Mandamentos por revelação divina e pela consciência moral.

## A obrigatoriedade do Decálogo

Uma vez que exprimem os deveres fundamentais do homem para com Deus e para com o próximo, os Dez Mandamentos trazem obrigações graves. Ninguém pode dispensar-se deles. Ainda que a matéria seja leve, eles nos obrigam. É o caso da injúria por palavra, que só será pecado grave em determinadas circunstâncias ou conforme a intenção de quem a profere.

## "Sem mim, nada podeis fazer"

Jesus é a videira e nós somos os ramos; permanecendo nele podemos produzir frutos, santidade de vida. Guardar os seus mandamentos é um caminho possível pela graça que recebemos. Mas Ele é a Palavra viva que se fez carne no meio de nós; é regra de viver e de agir.

*Comentando*

São Paulo nos diz que as leis existem por causa das transgressões. Isso equivale a dizer que, se não houvesse transgressão, o amor seria suficiente para organizar o relacionamento e a criação de uma nova sociedade, segundo o coração de Deus.

No tempo de Jesus imperava a observância da lei como parte do contrato feito por Deus: Você observa a lei e Eu (Javé) cuidarei de você. O grande perigo é querer a observância da lei em pleno tempo da Nova Aliança, cuja cláusula do contrato é: Você aceita Jesus e Jesus salva você. Jesus também disse que o sábado era feito para o homem. Muita coragem de enfrentar a lei e mostrar sua relatividade.

Quem desliga os "Dez Mandamentos" da libertação da casa da escravidão do Egito e do clamor do povo coloca-se numa posição em que não é possível perceber o sentido verdadeiro da lei de Deus (cf. Carlos Mesters). Os Dez Mandamentos não são um catálogo de formas individuais criado pelos fariseus observantes da lei. Têm endereço certo, a constituição do Povo de Israel. Jesus os retomou na medida em que se encontravam dentro do Novo Mandamento: Amai-vos uns aos outros.

Não são novidades esses mandamentos. Eles já existiam no coração das pessoas e por isso muitos povos tinham legislação semelhante a essa.

Esses mandamentos são os estatutos do homem livre segundo Deus, depois do cativeiro do Egito; uma lei para um novo povo.

Lamentavelmente, o Catecismo assume os Dez Mandamentos como palavra definitiva, deixando de lado o único mandamento da Nova Aliança: Amai-vos uns aos outros.

Não traz nada de novo a não ser novas determinações e leis. Aqui se perde a visão dinâmica da fé e se volta para a observância estrita que agrada a tanta gente que não sabe viver senão apertada pela lei. Acho que perdemos a oportunidade de progredir na fé e de nos tornarmos adultos.

# Capítulo I

# AMARÁS O SENHOR, TEU DEUS, DE TODO O CORAÇÃO, DE TODA A ALMA E DE TODO O ENTENDIMENTO

Esse é o resumo que Jesus fez dos deveres do homem para com Deus (Mt 22,37). É um eco do apelo de Deus: "Escuta, Israel, o Senhor, nosso Deus, é o único" (Dt 6,4). Esse mandamento lembra o amor a Deus, os outros explicitam a resposta de amor que os homens devem dar.

*Artigo 1*
## O primeiro mandamento

"Eu sou o Senhor, teu Deus, que te fez sair da terra do Egito, da casa da servidão. Não terás outros deuses diante de mim. Não farás para ti imagem esculpida de nada que se assemelhe ao que existe lá em cima, nos céus, ou embaixo, na terra, ou nas águas que estão debaixo da terra. Não te prostrarás diante desses deuses e não os servirás" (Êx 20,2-5).

Está escrito: "Ao Senhor, teu Deus, adorarás e só a Ele prestarás culto" (Mt 4,10).

# 1. "Adorarás o Senhor, teu Deus, e o servirás"

1. Deus recorda a libertação que realizou e pede que os homens o acolham e o adorem; é uma exigência justa. Deus revela sua glória, e a vocação do homem está ligada à sua revelação. A vocação do homem é manifestar Deus agindo em conformidade com sua criação: imagem e semelhança de Deus.

2. Esse preceito abrange a fé, a esperança e a caridade. Deus é imutável, perfeitamente justo e fiel; daí decorre a necessidade de aceitarmos suas palavras.

## A fé

Nossa vida moral encontra sua fonte na fé em Deus, que nos revela seu amor. Nosso dever em relação a Deus é crer nele e dar testemunho dele.

Esse mandamento manda guardar a fé e rejeitar tudo o que se opõe a ela.

A dúvida voluntária recusa aceitar como verdadeiro o que Deus revelou e que a Igreja propõe para crer.

A dúvida involuntária mostra a hesitação em crer, a dificuldade de superar as objeções ligadas à fé ou a ansiedade suscitada pela obscuridade da fé. A dúvida leva à cegueira do espírito.

A incredulidade é a negligência da verdade revelada ou a recusa voluntária a aceitar.

A heresia é a negação pertinaz, após o batismo, de qualquer verdade em que se deve crer com fé divina e católica ou a dúvida pertinaz a respeito da verdade.

A apostasia é o repúdio total da fé cristã.

O cisma é a recusa de sujeição ao Sumo Pontífice ou da comunhão com os membros da Igreja a ele sujeitos.

### A esperança

Quando Deus chama o homem, este deve esperar que Deus lhe dê a capacidade de corresponder ao amor e de agir de acordo com a caridade.

A esperança é o aguardar confiante da bênção divina e da visão beatífica de Deus; é também o temor de ofender o amor de Deus.

O desespero, pecado contra esse mandamento, é deixar de esperar de Deus a sua salvação pessoal e os auxílios para alcançá-la ou o perdão de seus pecados. Isso se opõe à bondade de Deus, que é fiel e misericordioso.

A presunção é acreditar na salvação sem ajuda do alto ou acreditar que Deus salvará sem arrependimento, sem conversão.

### A caridade

A fé leva a obrigação e o apelo de responder à caridade divina com um amor sincero: amar a Deus sobre todas as coisas...

A indiferença recusa a caridade divina, menospreza a iniciativa de Deus em nos amar e nega sua força.

A ingratidão omite ou se recusa a reconhecer a caridade divina, além de não pagar amor com amor.

A tibieza é hesitação ou negligência em responder ao amor divino, implicando a recusa de se entregar ao dinamismo da caridade.

A acídia ou preguiça espiritual recusa até a alegria que vem de Deus e tem horror ao bem divino.

O ódio a Deus vem do orgulho; opõe-se ao amor de Deus, cuja bondade nega, e atreve-se a maldizê-lo.

## 2. "Só a Ele prestarás culto"

As virtudes teologais da fé, da esperança e da caridade dão forma e vida às virtudes morais. A caridade é a base da virtude da religião.

### A adoração

A adoração é o primeiro ato da virtude da religião. É reconhecer Deus como Criador e Salvador, Senhor de tudo o que existe, Amor infinito. Por outro lado, é reconhecer "o nada das criaturas", que existem por Deus. A adoração do Deus único liberta o homem de se fechar em si mesmo, da escravidão do pecado e da idolatria do mundo.

### A oração

Os atos de fé, esperança e caridade se cumprem na oração. A elevação do espírito a Deus é adoração: damos louvor, pedimos, intercedemos. A oração é condição para se observarem os mandamentos.

### O sacrifício

É justo oferecer a Deus sacrifícios em sinal de adoração e de reconhecimento, de súplica e de comunhão. O sacrifício exterior deve ser expressão do interior. Deus não aceitava sacrifícios sem participação do interior. Unidos ao sacrifício de Cristo, o único perfeito, podemos fazer de nossas vidas um sacrifício a Deus.

### Votos e promessas

Em várias circunstâncias o cristão é convidado a fazer promessas, como no batismo, na confirmação, no matrimônio. Por devoção pode também prometer a Deus um ato, uma oração, uma esmola, uma peregrinação etc.

A fidelidade às promessas feitas é uma manifestação de respeito a Deus.

O voto, isto é, a promessa deliberada e livre de um bem possível e melhor feita a Deus, deve ser cumprido a título da virtude da religião. É um ato de devoção pelo qual o cristão se consagra a Deus ou lhe promete uma obra boa.

A Igreja atribui um valor exemplar aos votos de praticar os conselhos evangélicos.

Em certos casos a Igreja pode, por motivos adequados, dispensar votos e promessas.

### *Comentando*

Fazer votos e promessas é algo muito sério. Há pessoas que, por qualquer desespero, fazem várias promessas, que mais parecem um negócio com Deus, uma troca, do que um ato de amor e de confiança.

Essas promessas feitas em situações de desespero não são válidas, como também não são válidas promessas feitas para os outros cumprirem.

Uma promessa é uma ação de graças e não uma troca feita com Deus. Todas devem ter a característica de um bem maior. Não se faz promessa que prejudique a saúde ou arruíne a vida de alguém.

Caso ainda haja alguma dúvida, a pessoa deve procurar um sacerdote e expor o que fez para que ele dê uma indicação sobre o que fazer e como proceder.

*O dever social da religião e o direito à liberdade religiosa*

O dever de procurar a verdade é direito inerente à dignidade da pessoa e direito de todos. A caridade exige que todos sejam tratados com respeito mesmo no erro.

Cada um tem direito de praticar livremente sua religião em público ou em particular. É dever do cristão despertar em todos o amor à procura da verdade. O cristão deve manifestar a verdadeira Igreja de Cristo.

Em matéria de religião, ninguém pode ser obrigado a agir contra sua consciência, nem pode ser impedido de agir dentro dos limites justos, de acordo com ela em particular ou em público. Esse direito nasce da natureza da pessoa, cuja dignidade leva à procura da verdade divina, que vai além do aspecto temporal.

Direito à liberdade religiosa não significa nem permissão moral para aceitar o erro nem direito à permanência no erro, mas simplesmente liberdade civil, imunidade de coação externa por parte do poder público. Isso deve constar no Direito Civil.

# 3. "Não terás outros deuses diante de mim"

O primeiro mandamento proíbe ter outros deuses. Proscreve a superstição e a irreligião.

## *Superstição*

É o desvio do sentimento religioso e da prática que ele impõe. A superstição se mostra na idolatria, nas formas de adivinhação e magia, no atribuir eficácia à materialidade das orações e dos sinais sacramentais etc.

## *Idolatria*

O mandamento condena o proselitismo; lembra a rejeição dos ídolos. Idolatria não diz respeito somente aos falsos cultos pagãos, mas consiste em divinizar o que não é Deus. É a perversão do sentimento religioso inato ao homem.

## *Adivinhação e magia*

Todas as formas de adivinhação devem ser rejeitadas: recurso a Satanás, evocação dos mortos e práticas para descobrir o futuro.

Todas as práticas de feitiçaria ou magia com as quais a pessoa possa domesticar poderes ocultos para colocá-los a seu serviço e obter poder sobrenatural sobre o próximo são gravemente contrarias à virtude da religião. Pior ainda quando for para prejudicar alguém.

Na mesma linha é repreensível o uso de amuletos etc. A Igreja pede para evitar o espiritismo, pois implica freqüentemente práticas de adivinhação e magia.

A atitude correta é entregar-se nas mãos de Deus, de sua providência, abandonando a curiosidade doentia.

### *Comentando*

Aqui se deixa espaço para se pensar que existe mesmo algum poder oculto e que há pessoas com poderes sobre os outros. É preciso ter coragem para acionar a parapsicologia e mostrar ao povo que a pessoa pode ser sugestionada e, assim, perder o mecanismo de defesa, colocando na cabeça que algo pode acontecer. Nem demônios existem tantos como muitos movimentos de Igreja assim o querem. Deveríamos dar mais atenção aos demônios modernos do que aos demônios da Idade Média.

O mesmo vale dizer sobre o espiritismo. Não basta dizer que se deve evitar o espiritismo, mas se deve dizer que é frontal contra a doutrina da Igreja da ressurreição dos mortos, da misericórdia de Deus e da ação salvadora de Jesus. Ninguém se salva, mas é Jesus que nos salva.

A Igreja precisa descobrir que o tempo da cristandade já passou e hoje vivemos num mundo secularizado, onde não vale mais o argumento da autoridade. Parece que hoje, se algo vamos ensinar, devemos fazê-lo através do amor. Deus hoje é uma oferta.

### A irreligião

São atos e palavras que tentam a Deus: a simonia, o sacrilégio. Eles põem à prova a bondade e onipotência de Deus. Jesus mostrou que não devemos tentar a Deus.

O sacrilégio consiste em profanar ou tratar indignamente os sacramentos e as ações litúrgicas, bem como pessoas, coisas e lugares consagrados a Deus.

A simonia é definida como a compra ou venda de realidades espirituais (At 8,20).

Não é simonia fixar ofertas pelo serviço na comunidade, porque o cristão deve cuidar do sustento de seus ministros (Mt 10,10).

### O ateísmo

O ateísmo rejeita a existência de Deus de diversas maneiras. São muitas as formas de ateísmo.

Materialismo prático é o ateísmo de quem limita suas necessidades e ambições ao espaço e ao tempo.

O humanismo ateu considera o homem como seu próprio fim e único artífice de sua história.

O ateísmo contemporâneo acredita na libertação do homem pelas vias econômica e social. A religião impede essa libertação.

O ateísmo é um pecado contra a religião. A culpa é avaliada pelas intenções e circunstâncias. Às vezes a base do ateísmo está na idéia falsa da autonomia de quem se recusa a depender de Deus.

*Comentando*

O ateu não existe. Quem se diz ateu é a pessoa que tem mais certeza em afirmar que é deus. A idéia de Deus está gravada no coração do homem, que não tem como negá-la. A pessoa pode negar por fora e agir como se Deus não existisse, mas no fundo da consciência jamais poderá dizer que não acredita em Deus.

O que existe é o ateu prático: o mal conceituado a respeito de Deus, ou o cheio de problemas e conflitos mal resolvidos ou mesmo desequilíbrios de ordem genética ou psíquica.

Coloquem o nome que quiserem, mas todos acreditam em Deus.

### O agnosticismo

O agnóstico não nega a Deus, mas acredita que Ele é um ser inatingível do qual ninguém pode dizer nada e que não poderia revelar-se. Declaram impossível negar, provar ou afirmar a existência de Deus. É o indiferentismo.

## 4. "Não farás para ti imagem esculpida de nada"

O mandamento divino incluía a proibição de toda representação de Deus por mãos humanas. Mas no mesmo Antigo

Testamento Deus ordenou a instituição de imagens: serpente de bronze (Nm 12-4-9), Arca da Aliança (Êx 25), querubins (Êx 25-10-22; 1Rs 6,23-26). O culto das imagens é uma veneração, uma honra prestada à realidade que elas representam e significam.

A proibição olhava os problemas oriundos da aceitação de outros deuses e a conservação da fé em um único Deus.

*Artigo 2*
## O segundo mandamento

"Não pronunciarás o nome do Senhor, teu Deus, em vão" (Êx 20,7).

## 1. O nome santo do Senhor

Esse mandamento, como o primeiro, diz respeito à virtude da religião e orienta para o respeito às coisas santas por palavras e atos.

Entre as palavras da Revelação, há a revelação do nome de Deus, que é graça e faz parte da confiança de Deus em nós. O nome do Senhor é santo, por isso ninguém deve abusar dele. Deve trazê-lo na memória e em adoração no silêncio de seu coração. Usamos o nome de Deus para louvá-lo e bendizê-lo. A ele se deve o respeito.

A catequese deve levar as pessoas a professar a fé no nome do Senhor, sem medo, em atitude de adoração e respeito.

Esse mandamento proíbe o uso do nome de Deus por abuso e sem respeito. Igualmente proíbe o desrespeito aos santos. Por isso as promessas feitas em nome de Deus devem ser cumpridas.

### A blasfêmia

A blasfêmia, uma palavra de ódio, de ofensa, de desafio a Deus, é contra esse mandamento. Isso se estende às palavras contra a Igreja e às coisas santas. Também é blasfemo quem usa o nome de Deus para encobrir coisas criminosas. A blasfêmia é um pecado grave.

### As pragas

As pragas fazem intervir o nome de Deus, sem intenção de blasfemar. São uma falta de respeito para com Deus. O segundo mandamento proíbe também o uso mágico do nome de Deus.

### Comentando

Esse mandamento tem um aspecto mais positivo do que o apresentado pelo Catecismo, pois está preocupado em detalhar o que está errado. A catequese deve levar as pessoas a um grande amor, à adoração e ao respeito ao nome de Deus. Se há algo sagrado é a resposta de amor que podemos e devemos dar a Deus. Qualquer desvio dessa vivência é mau. Aliás, toda legislação deve levar ao amor, ao respeito.

Essa aproximação e esse "sentir a presença amorosa de Deus" nos conduz a uma atitude de filho amado e à percepção de que tudo o que se refere a Deus é santo e digno de amor.

## 2. O nome do Senhor pronunciado em vão

### O juramento falso

Esse mandamento proíbe o juramento falso. Fazer juramento é convocar a Deus como testemunha do que se afirma. Isso empenha o nome do Senhor.

Cada um deve se abster de jurar falsamente. Isso é exigido pelo respeito à verdade de Deus. Deus não pode ser invocado como testemunha de uma mentira.

### *O perjúrio*

É uma promessa feita sob juramento, que a pessoa não tem a intenção de manter ou que não cumpre. Todo juramento implica uma referência a Deus.

A tradição da Igreja entende que Jesus não proíbe o juramento quando o mesmo é feito por uma causa grave (perante o Tribunal). O juramento é a invocação do nome do Senhor, só pode ser feito na verdade, na justiça. E não por motivos fúteis. Um juramento exigido por autoridades ilegítimas pode ser recusado; é contrário à dignidade humana.

## 3. O nome cristão

No batismo o nome do Senhor santifica o homem. Havia o costume de colocar no batizando um nome de santo ou que representasse uma virtude. Recomenda-se aos pais esse costume.

### *Comentando*

Esse costume cristão de colocar nome de festa (Páscoa), santo ou virtude – Santo Afonso, por exemplo, tinha 22 nomes – hoje não é comum, mas parece que o Catecismo quer ressuscitá-lo.

Há sua razão de ser, porque o patrocínio dos santos oferece um modelo de caridade e de vida, um intercessor junto a Deus. Mas a preocupação de hoje não contempla essa piedade.

Em nossa cultura o nome identifica, mas não qualifica. Não podemos contrariar o gosto dos pais em escolher um nome. Podemos até achar, como alguns o são, feios, impróprios, difíceis. Há casos em que pessoa, quando adulta, rejeita o próprio nome.

Com tantos problemas para nos preocuparmos na catequese, o Catecismo perde tempo com isso. É difícil de acreditar.

*Artigo 3*
## O terceiro mandamento

"Lembra-te do dia do sábado para santificá-lo. Trabalharás durante seis dias e farás todas as tuas obras. O sétimo dia, porém, é o sábado do Senhor, teu Deus. Não farás nenhum trabalho" (Êx 20,8-10).

## 1. O dia de sábado

Esse mandamento lembra a santidade do sábado (Êx 31,15: repouso absoluto). As Escrituras lembram a Criação, os seis dias de trabalho e o descanso do sétimo dia (Êx 20,11). No dia do Senhor, fazem também memória da libertação de Israel da escravidão do Egito (Dt 5,15). É como um sinal de Aliança.

O sábado é reservado para o louvor a Deus. O agir de Deus é modelo do agir humano. Se Deus fala do descanso, também o homem tem de descansar. É também um dia de denúncia contra o que escraviza o homem e contra a ganância do dinheiro.

Jesus não violou o sábado, mas deu a ele uma nova interpretação: o sábado foi feito para o homem (Mc 2,27).

## 2. O dia do Senhor

O dia do Senhor nos lembra o dia da ressurreição de Jesus. No primeiro dia, houve a criação; no oitavo dia, que segue o sábado, a nova criação inaugurada com a ressurreição de Jesus. Para os cristãos, domingo é o dia do Senhor.

O domingo, que, para os cristãos, substitui o sábado, é lembrança da plenitude da Páscoa. É dia do culto a Deus e da celebração da comunidade.

A celebração dominical com o culto da Palavra, ou a Eucaristia, está no coração da Igreja. Vem como tradição dos apóstolos; é celebrada no dia em que se comemora a Páscoa. Deve ser guardada em toda a Igreja como festa de preceito.

Devem ser guardados também: o Natal, a Epifania, a Ascensão, o Santíssimo Corpo de Cristo, o dia da Santa Mãe de Deus, da Imaculada Conceição e outros. São dias de ação de graças.

A paróquia é determinada comunidade de fiéis, constituída e estável na Igreja particular, que é a diocese. Seu cuidado pastoral é entregue a um pároco, com seu pastor, sob autoridade do bispo da diocese. É o lugar onde os fiéis congregam para a celebração dominical.

### *Obrigação do domingo*

O mandamento da Igreja diz: "Aos domingos e nos outros dias de festa de preceito, os fiéis têm a obrigação de participar da missa". Vale a missa da tarde anterior. Por motivos sérios – como, por exemplo, uma doença – ou se forem dispensados pelo pároco, os fiéis deixam de estar obrigados à participação na Eucaristia.

A participação na Eucaristia é testemunho de fé, de pertença à comunidade, de fidelidade a Cristo e a sua Igreja, é testemunho de comunhão.

Por falta de ministro sagrado ou se for impossível a celebração da Eucaristia, recomenda-se que os fiéis participem da celebração da Palavra ou dediquem um tempo à oração a sós ou com a família.

*Comentando*

Aqui entra o jurisdicismo. Esse mandamento está junto com mais quatro mandamentos da Igreja; perguntamos, então por que não há o mesmo rigor moral em relação aos outros?

Por mais importante que seja a Celebração Eucarística dominical, como e por que obrigar os católicos? Se todos resolverem participar, não temos lugar para acolhê-los. A realidade de muitas paróquias mostra que é impossível atender a todos. Isso sem falar das celebrações que não têm característica de Páscoa, celebrações mortas, com homilias péssimas, participação de fiéis praticamente inexistentes – igrejas parecidas com supermercados. Lá estão simplesmente para cumprir a obrigação e por isso não crescem na fé e na participação.

Pouco se fala do Culto Dominical, já que na maioria dos lugares o padre não tem condição de celebrar dominical ou semanalmente para o povo. É muito pouco fazer uma piedosa recomendação para que participem da celebração da Palavra. Como fica a educação na fé?

Não há nenhuma palavra sobre as missas na televisão, hoje uma realidade, como também sobre as paróquias ambientais.

Parece que obrigar é o pior caminho para a catequese e para uma prática cristã baseada na compreensão do mistério que aí se celebra. Obrigar não educa, não forma, e esvazia o conceito de amor livre e adulto a Deus.

### *O dia de graça e de interrupção do trabalho*

A vida humana é ritmada pelo trabalho e pelo descanso. O Dia do Senhor ajuda todos a terem seu tempo de repouso e de lazer, permitindo cultivar a família e a vida social, cultural e religiosa. Por isso os fiéis, nesses dias, não se devem entregar ao trabalho e a atividades que impeçam o culto, o descanso, a prática de boas obras.

As necessidades familiares e a utilidade social são motivos legítimos para a dispensa do preceito do repouso dominical, mas abusos e hábitos prejudiciais à família e à religião devem ser evitados. O domingo é um tempo de reflexão, de piedade, de cultura, de meditação, da família e da caridade.

O cristão não deve impor algo que impeça guardar o Dia do Senhor. Quando houver necessidades sociais, serviço básico e primário que exijam o trabalho no domingo, é importante que cada um procure encontrar um tempo para o lazer.

Os poderes públicos devem assegurar um tempo de repouso e para o culto divino para aqueles que sofrem limitações econômicas. A mesma obrigação têm os patrões.

Dentro do respeito à liberdade religiosa e ao bem comum, recomenda-se que os cristãos procurem que os domingos sejam feriados legais. Todos devem dar o exemplo público de oração e defender as tradições como contribuição para a vida espiritual da sociedade humana.

Se a legislação do país obriga o trabalho no domingo, que este dia seja vivido como o dia da nossa libertação e seja santificado.

# Capítulo II

# AMARÁS O PRÓXIMO COMO A TI MESMO

Jesus disse a seus discípulos: "Amai-vos uns aos outros como eu vos amei" (Jo 13,34).

O primeiro mandamento orienta para o amor a Deus sobre todas as coisas. O segundo mandamento orienta para o amor ao próximo. Não existe mandamento maior do que estes (Mc 12,29-31). Todos os outros mandamentos estão contidos no amor ao próximo, por isso Paulo diz: Quem ama o próximo, cumpriu a Lei (Rm 13,8-10).

*Artigo 4*
## O quarto mandamento

"Honra teu pai e tua mãe, para que se prolonguem os teus dias na terra que o Senhor, teu Deus, te dá" (Êx 20,12).

O quarto mandamento encabeça a segunda tábua da Lei. Depois de honrar a Deus, ele quer que se honrem os pais, a quem se deve a vida e a iniciação e o conhecimento de Deus. Ensina também o respeito para com aqueles a quem Deus revestiu de sua autoridade.

Esse mandamento se dirige expressamente aos filhos com relação a seus pais, mas diz também respeito às relações de parentesco com membros do grupo familiar. Ordena o respeito aos avós e aos antepassados.

Abrange também os deveres dos alunos com seus professores, dos empregados com seus patrões, do cidadão com sua pátria e com os que a governam.

Aqui também se subentendem os deveres dos pais, tutores, professores, chefes, magistrados, governantes e de todos os que exercem autoridade sobre os outros ou sobre a comunidade.

Sem dúvida, a observância desse mandamento vai trazer paz e frutos espirituais e temporais. O contrário trará danos para pessoas e comunidades.

# 1. A família no plano de Deus

## *Natureza da família*

A comunidade conjugal nasce de um consentimento mútuo. A família olha o bem dos esposos e dos filhos. Ela é geradora de vida e cria relações e responsabilidades pessoais.

A família não depende da autoridade civil para se constituir, ela se impõe e deve ser considerada.

Ao criar a família, Deus dotou-a de uma constituição fundamental, com direitos e deveres, mas na igualdade de pessoas e na diversidade de responsabilidades.

## *A família cristã*

A família cristã, por sua constituição de comunhão eclesial, pode ser chamada de "Igreja doméstica". É uma comunhão de pessoas, imagem da comunhão na Trindade. Chamada a partilhar da ação criadora de Deus, da oração e do sacrifício de Cristo, a família cristã é evangelizadora e missionária pela oração cotidiana, pela leitura da Palavra de Deus e pela ação educadora na fé.

Dentro da família há afinidades de sentimentos, de afetos e de interesses; por isso, torna-se uma comunidade privilegiada, um lugar do amor e da cooperação.

## 2. A família e a sociedade

A família é uma célula que dá origem à vida social. É uma sociedade natural na qual o homem e a mulher são chamados a se doarem no amor e no dom da vida.

A família é uma comunidade, em que é possível, desde a infância, assimilar os valores morais. Nela se dá também a iniciação para a vida em sociedade.

A família deve viver de tal forma que todos se responsabilizem pelos jovens, idosos, doentes, deficientes e pobres.

A família deve ser defendida e ajudada por medidas sociais apropriadas. Merecem atenção aquelas que não conseguem desempenhar suas funções. Dentro do princípio da co-responsabilidade, recomenda-se que as comunidades maiores não usurpem seus poderes ou interfiram na vida da família, mas devem apoiar e fortalecer o casamento e a família.

É importante que o poder civil considere como um dever grave reconhecer e defender a moralidade pública e favorecer a prosperidade dos lares. Deve garantir ao ser humano:

– o direito de constituir família, de ter filhos, de educá-los de acordo com suas próprias convicções morais e religiosas;

– a proteção e a defesa da estabilidade do vínculo conjugal e da instituição familiar;

– a liberdade de professar a própria fé, de transmiti-la, de educar nela os filhos com meios e instituições necessárias;

– o direito à propriedade privada, à liberdade de empreendimento, ao trabalho, à emigração;

– o direito, à assistência aos idosos, aos abonos familiares, à assistência médica, de acordo com as instituições do país;

– a proteção da segurança e da saúde, principalmente em relação aos perigos como drogas, pornografia, alcoolismo etc.;

– a liberdade de formar associações com outras famílias e a ser representados junto às autoridades civis.

O quarto mandamento ilumina todas as demais relações na sociedade. O próximo não é um indivíduo da coletividade, mas alguém que, por suas origens, merece atenção e respeito individuais. As comunidades humanas são compostas de pessoas e seu bom governo exige fidelidade aos contratos. As pessoas possuem dignidade e devem viver na fraternidade e na justiça.

## 3. Os deveres dos membros da família

### *Deveres dos filhos*

A paternidade divina é a fonte da paternidade humana; é o fundamento da honra devida aos pais. O respeito aos pais alimenta-se da afeição natural proveniente do vínculo que os une aos filhos e é preceito divino.

A piedade filial (o respeito pelos pais) é o produto do reconhecimento para com aqueles que, por seu amor e trabalho, deram a vida aos filhos e os ajudaram em seu desenvolvimento (Eclo 7,27-28).

O respeito filial mostra-se pela docilidade e pela obediência (Pr 6,20-22; 13,1) em tudo aquilo que visa o bem comum e a família. Só não há obrigação da obediência se o filho estiver convicto em consciência que é moralmente inaceitável obedecer a tal ordem. A obediência cessa com a emancipação dos filhos, mas o respeito não cessará de modo algum, pois se funda no temor de Deus e é dom do Espírito Santo.

Esse mandamento lembra a responsabilidade dos filhos para com os pais. Enquanto puderem, devem dar-lhes ajuda material e moral, principalmente nos anos da velhice, na doença, na solidão (Eclo 3,12-16; 3,2-6).

O respeito filial favorece a harmonia de toda a família e diz respeito também às relações entre irmãos e irmãs. Ele ilumina todo o ambiente familiar. Leva também a uma gratidão especial àqueles de quem receberam o dom da fé, a graça do batismo e a vida na Igreja.

### Deveres dos pais

A fecundidade do amor conjugal não se reduz apenas à procriação, mas se estende à educação moral e à formação espiritual, em que o papel dos pais é insubstituível.

Os filhos devem ser vistos como filhos de Deus e devem ser respeitados como pessoas humanas. Os pais são os primeiros responsáveis por sua educação. Dão testemunho disso na formação de um lar terno, onde haja perdão, respeito, fidelidade. Os pais devem ensinar os filhos a ser abnegados, a agir por um justo juízo, a praticar as virtudes. O lar é o ambiente natural para a iniciação do ser humano na solidariedade e nas responsabilidades comunitárias.

Os pais recebem no sacramento do matrimônio a responsabilidade e o privilégio de evangelizar os filhos. Essa iniciação religiosa pode alimentar as disposições afetivas nos filhos por toda a vida. A educação na fé, por parte dos pais, deve iniciar-se o quanto antes. A catequese familiar precede, acompanha, enriquece outras formas de ensinamento da fé. Depois dos pais, cabe à paróquia ser o lugar privilegiado da catequese dos filhos.

Os pais são os primeiros responsáveis pela educação de seus filhos; eles devem prover suas necessidades físicas e espirituais, bem como escolher uma boa escola.

Quando se tornam adultos, os filhos têm o direito de escolher sua profissão e seu estado de vida. Os pais não devem constrangê-los na escolha da profissão ou do estado de vida. Eles podem, sim, aconselhar os filhos.

## 4. A família e o Reino

Mesmo sendo importantes, os vínculos familiares não são absolutos. Os pais respeitarão a vocação dos filhos e os ajudarão a segui-la.

A primeira vocação cristã é seguir Jesus (Mt 10,37). Tornar-se discípulo de Jesus é aceitar o convite para pertencer à família de Deus, de viver conforme a sua maneira (Mt 12,50). Assim respeitarão os filhos chamados à virgindade na vida consagrada e no ministério sacerdotal.

*Comentando*

O quarto mandamento não é destinado só para os filhos, mas também para os pais.

Sabemos de suas funções e de sua missão, mas nada lhes dá o direito de se intrometerem nas decisões adultas dos filhos, a menos que os pais possam sofrer conseqüências. Eles têm o direito de aconselhar, de manifestar sua opinião, mas não podem decidir e nem coagir moral ou afetivamente.

Todos sabemos que a obediência passa a ser respeito depois que os filhos atingem a maioridade.

Não é justa também a pressão psicoafetiva que os pais exercem sobre os filhos, impedindo-os de tomaram seu caminho e fazerem suas escolhas. Há pais que não dão espaço para os filhos e descarregam neles toda a sua carência sob o pretexto do amor. Isso impede o crescimento e a maturidade cerceando a liberdade.

Os pais devem lembrar-se que, depois que partirem, os filhos ainda terão uma longa estrada para percorrer. Carinho exagerado mata ou deforma a personalidade.

## 5. As autoridades na sociedade civil

O quarto mandamento manda honrar aqueles que receberam de Deus uma autoridade na sociedade para o bem comum. Ninguém pode mandar aquilo que é contrário à dignidade da pessoa humana.

O exercício da autoridade deve manifestar uma hierarquia de valores, facilitando o exercício da responsabilidade e da liberdade de todos. Os poderes públicos devem respeitar os direitos fundamentais da pessoa humana. Todos os direitos políticos estão ligados às exigências do bem comum.

### *Deveres do cidadão*

Todos devem considerar as autoridades como representantes de Deus. Isso não impede de apresentar justas reclamações contra o que parece prejudicial à dignidade das pessoas e ao bem da comunidade.

É dever do cidadão colaborar com os poderes públicos para o bem de todos e da justiça. O amor e o serviço à pátria derivam da gratidão e da ordem da caridade. Cada um tem o direito de cumprir seu papel na vida da comunidade política.

A submissão à autoridade e ao bem comum exige moralmente o pagamento dos impostos, o exercício do direito do voto, a defesa do país.

As nações mais favorecidas devem acolher o estrangeiro em busca de segurança e recursos vitais que não podem ser alcançados em seu país, além de velar pela proteção do mesmo. Isso deve ser observado dentro das condições jurídicas.

Quando houver prescrições contra as exigências da ordem moral e dos direitos fundamentais da pessoa ou do Evangelho, o cidadão não terá obrigação moral de obedecer. No caso de opressão, cabe a ele o direito de se defender dentro da lei natural e do Evangelho.

Para resistir à opressão do poder político não se pode recorrer às armas, salvo nessas condições:

– em caso de violações certas e prolongadas dos direitos fundamentais;
– depois de se terem esgotado todos os outros recursos;
– quando não provocar desordens piores;
– se houver esperança fundada de êxito;
– se for impossível prever soluções melhores.

### A comunidade política e a Igreja

Toda sociedade se inspira numa visão do homem e de seu destino. Daí deduz sua hierarquia de valores, seus critérios, sua linha de conduta e consegue dar certa valorização do homem sobre as coisas. Só a religião divinamente revelada reconhece em Deus a origem e o destino do homem.

A Igreja convida as autoridades a referir seus julgamentos e decisões à verdade sobre Deus e sobre o homem: sem as luzes do Evangelho a respeito de Deus e do homem, as sociedades se tornam facilmente totalitárias.

A Igreja, no exercício de sua missão e de sua competência, não se confunde com a comunidade política. Ela respeita e promove a liberdade política e a responsabilidade dos cidadãos.

Faz parte da missão da Igreja emitir um juízo moral também sobre as realidades que dizem respeito à ordem política, quando isso for exigido pelos direitos fundamentais da pessoa e pela salvação das almas.

*Artigo 5*
## O quinto mandamento

"Não matarás" (Êx 20,13).

"Ouvistes o que foi dito aos antigos: 'Não matarás. Aquele que matar terá que responder ao tribunal'. Eu, porém, vos digo; todo aquele que se encolerizar contra seu irmão terá de responder no tribunal" (Mt 5,21-22).

A vida humana é sagrada. Só Deus é dono da vida, do começo ao fim. Ninguém, em nenhuma circunstância, pode reivindicar para si o direito de destruir diretamente um ser humano inocente.

## 1. O respeito à vida humana

### *O testemunho da História Sagrada*

Desde de o início, no assassinato de Abel, a Escritura revela a presença da cólera e da cobiça do homem como conseqüência da mancha original (Gn 4,8-12). O homem tornou-se inimigo de seu semelhante.

A aliança entre Deus e a humanidade é uma história da bondade de Deus e da violência assassina do homem. Deus não permite que se derrame o sangue de alguém (Gn 9,5-6). O sangue era considerado sagrado, e isso valerá para todos os tempos.

A Escritura determina com precisão o Quinto Mandamento: "Não matarás o inocente, nem o justo" (Êx 23,7). O assassinato de um inocente é contra a dignidade do ser humano e à santidade do criador. Essa lei obriga a todos e obriga sempre.

Jesus recorda o preceito no Sermão da Montanha: "Não matarás" (Mt 5,21) e proíbe a cólera, o ódio, a vingança. Manda ainda amar os inimigos e oferecer a outra face a quem lhe bater (Mt 5,22s.; 5,44).

### A legítima defesa

A legítima defesa das pessoas e das sociedades não é uma exceção à proibição de matar o inocente. Ela pode acarretar a conservação da vida e também a morte do agressor, embora não se vise essa morte. Ela procura a conservação da vida, porque o amor a si mesmo é um princípio fundamental da moralidade e ensina a respeitar o próprio direito à vida.

A legítima defesa pode ser um dever grave e não apenas um direito para quem é responsável pela vida dos outros na sociedade. Por isso a autoridade tem o direito de afastar pelas armas os agressores da comunidade.

O esforço do Estado para conter a difusão de comportamentos que ferem os direitos humanos e as regras fundamentais da convivência civil, impondo penas proporcionais à gravidade dos delitos para reparar a desordem é uma tutela do bem comum. Na medida do possível, o Estado deve contribuir para a correção do culpado.

O ensino tradicional da Igreja não exclui, depois de comprovada a identidade e a responsabilidade do culpado, o recurso à pena de morte, se essa for a única via praticável para defender eficazmente a vida humana.

## O homicídio voluntário

Esse mandamento diz que é pecado grave o homicídio direto e voluntário (nesse caso, fazem pecado o assassino e os que cooperam voluntariamente com ele). Proíbe também que se faça algo para provocar indiretamente a morte de alguém. A lei moral proíbe as pessoas de exporem alguém a um risco mortal sem razão grave, bem como as proíbe recusar a ajudar alguém que está em perigo.

A sociedade que aceita condições de miséria que levem à morte, sem se esforçar para remediar a situação, comete uma injustiça escandalosa e uma falta grave.

Todos os que em seus negócios tiverem práticas usurárias e mercantis, que provoquem fome e morte de irmãos cometem indiretamente um homicídio e serão culpados. O homicídio involuntário não é passivo de culpa. Não é culpado quem o praticou, mas não está isento de falta grave quem agiu assim sem razões proporcionais, provocando a morte ainda que sem intenção de causá-la.

## O aborto

A vida humana deve ser respeitada e protegida de maneira absoluta a partir da concepção.

Desde o primeiro momento de sua existência, o ser humano deve ver reconhecidos os seus direitos de pessoa, como o direito inviolável de todo ser inocente: o direito à vida.

Desde o século I, a Igreja afirma a maldade moral do aborto provocado. Esse ensinamento não foi mudado. O aborto direto, querido como fim ou como meio, é gravemente contrário à lei moral (*Didaché* 2,2).

Todos os que cooperam para que o aborto aconteça cometem uma falta grave. A Igreja põe uma pena como sanção canônica de excomunhão a quem comete esse delito. A pessoa fica excluída da Igreja (*CIC* 1323-1324). Não é falta de misericórdia, mas mostra o crime cometido.

Os direitos da pessoa devem ser reconhecidos e respeitados pela sociedade civil e pela autoridade política. Eles não dependem dos indivíduos, dos pais ou do Estado. São direitos fundamentais, pertencem à natureza humana e são inerentes à pessoa.

Entre esses direitos é preciso citar o direito à vida e à integridade física de todo ser humano, desde a concepção até a morte.

Quando uma lei positiva priva o ser humano ou uma categoria de pessoa da proteção que a lei civil deve dar, o Estado está negando a igualdade de todos perante a lei.

No serviço de proteção à vida, a lei deve prever sanções penais apropriadas para toda violação do direito da pessoa.

Uma vez que desde a concepção o embrião deverá ser tratado como pessoa humana, deverá também ser defendido em sua integridade, cuidado e curado dentro do possível.

O diagnóstico pré-natal é moralmente lícito, desde que se respeitem a vida e a integridade física do embrião e do feto humano e se for orientado para a cura individual ou sua salvaguarda. Um diagnóstico não pode ser equivalente a uma sentença de morte.

As intervenções no embrião humano, quando respeitam a vida e a integridade do embrião, não acarretando riscos e visam à saúde e à sua sobrevivência individual, são consideradas lícitas.

É imoral produzir embriões humanos destinados a serem explorados como material biológico disponível.

Algumas tentativas de intervenções sobre o patrimônio cromossômico ou genético não são terapêuticas, mas tendem à produção de seres humanos selecionados segundo sexo ou qualidades preestabelecidas. Essas manipulações são contrárias à dignidade pessoal do ser humano, à sua integridade e à sua identidade única e não reiterável.

*Comentando*

Ao lado dessas colocações sobre aborto e intervenção no patrimônio cromossômico ou genético há uma enorme discussão na bioética que não está sendo considerada. Há dificuldade em estabelecer quando a vida se inicia. A Igreja define a vida a partir do embrião; os cientistas definem a vida a partir do funcionamento do córtex cerebral.

No caso de doação de órgãos a não-existência de vida se define a partir da morte do córtex cerebral. Isso a Igreja aceita; o que dizer no caso do início da vida?

Parece que o Catecismo tem preocupações jurídicas e não pastorais. Uma catequese que acentuasse o valor da vida e da dignidade humana permitiria que as conclusões fossem tiradas como decorrência lógica. Qual é a força que temos para exigir dos cientistas ou impor a eles os valores evangélicos?

Na questão do aborto, há que se levar em conta a consciência, bem ou mal formada, do indivíduo.

Sabemos que uma nova ética não será formada sem Deus, que constantemente se manifesta na Lei Natural, nas Escrituras e na tradição da Igreja.

Quanto à manipulação, tudo parece muito lindo, mas os resultados são imprevisíveis.

## A eutanásia

Aqueles cuja vida está diminuída ou enfraquecida merecem um respeito especial. Essas pessoas devem ser amparadas para levarem uma vida tão normal quanto possível.

A eutanásia direta, que consiste em pôr fim à vida de pessoas doentes, deficientes ou moribundas, é moralmente inadmissível.

Uma ação ou omissão que em si ou na intenção gera a morte a fim de suprimir a dor é um assassinato gravemente contrário à dignidade da pessoa e ao respeito a Deus, senhor da vida, mesmo no caso de erro de juízo em que se tenha caído de boa fé.

A interrupção de procedimentos médicos onerosos, perigosos, extraordinários ou não proporcionais ao resultado esperados pode ser legítima. Não se quer provocar a morte, mas é aceitável não impedi-la. As decisões devem ser tomadas pelo paciente, se houver possibilidade. Em outro caso, a decisão compete aos que têm direitos legais.

Mesmo em caso de morte iminente, os cuidados devem continuar. É moralmente permitido o uso de analgésicos para aliviar o sofrimento do moribundo, levando em conta o direito à vida e à dignidade humana.

### Comentando

Todas as pessoas têm direito a uma vida digna e a uma morte digna. Não se pode aceitar o abuso com que são tratados os doentes terminais, cuja vida é conservada através de aparelhos custosos que acabam não resolvendo o problema e deixando a família na miséria.

A gente sabe que as pessoas fazem de tudo para salvar uma vida, mas, quando não há mais esperança, o uso de meios onerosos não pode ser obrigatório e não é nenhuma falta de caridade ou piedade usar os recursos comuns e deixar que o paciente acabe seus dias normalmente. Ninguém está obrigado a usar os meios extraordinários quando eles também não resolvem o problema ou quando as pessoas não possuem recursos para tal. Na verdade, dentro de alguns meses o doente morre e a família fica na miséria. Onde está o direito à vida?

# O suicídio

Cada um é responsável por sua vida diante de Deus. Devemos receber a vida com reconhecimento e preservá-la. Somos administradores e não proprietários da vida. Não podemos dispor dela.

O suicídio é contra a inclinação natural do ser humano de conservar e perpetuar a vida. É uma atitude contrária ao amor a si mesmo e ao amor a Deus.

Quando cometido com intenção de servir de exemplo, o suicídio adquire a gravidade do escândalo. A cooperação voluntária no suicídio é contrária à lei natural.

Distúrbios psíquicos graves, a angústia ou o medo grave da provação, do sofrimento ou da tortura podem diminuir a responsabilidade do suicida.

Ninguém se deve desesperar no caso de suicídio, porque Deus certamente dará oportunidade de um arrependimento salutar. A Igreja ora por todos.

## Comentando

Hoje, com ajuda da psicologia, já se pode perceber que todo suicida está fora de si e perdeu o controle sobre si há algum tempo. Ele pode até escrever uma carta com explicações, mas não consegue retornar ao normal e evitar o acidente.

Assim sendo, podemos ficar mais tranqüilos se isso acontece com pessoas de nossa família. Devemos, porém, estar atentos, porque isso revela algum desequilíbrio na área familiar e as pessoas já trazem em si essa fraqueza. Numa situação limite, outros casos podem ocorrer.

## 2. O respeito à dignidade das pessoas

### *O escândalo*

O escândalo é a atitude ou o comportamento que leva outrem a praticar o mal. Quem escandaliza se torna tentador do próximo. Age contra a virtude e a retidão. O escândalo constitui uma falta grave se, por ação ou omissão, conduzir o outro deliberadamente a uma falta grave. Jesus falou do escândalo em Mt 18,6.

O escândalo é grave quando é dado por aqueles que devem, por natureza ou função, ensinar e educar os outros.

O escândalo pode ser provocado por leis ou instituições, pela moda ou pela opinião. Tornam-se culpados de escândalo aqueles que instituem leis e estruturas sociais que levam à degradação dos costumes, à corrupção da vida religiosa ou a condições sociais que tornam difícil ou impossível uma conduta cristã.

O mesmo vale para chefes de empresas que promovem fraude; para professores que exacerbam os alunos; para os que, ao manipular a opinião pública, afastam o povo dos valores morais.

### *Respeito à saúde*

A vida e a saúde são bens preciosos dados por Deus. Devemos cuidar delas com equilíbrio.

O cuidado da saúde do cidadão requer ajuda pública para se alcançarem os bens de primeira necessidade: comida, remédio, roupa, emprego, assistência social, ensino básico, moradia.

O exagero do culto do corpo, ao alcance dos ricos, perverte as relações humanas. Há que se evitar os exageros.

A virtude da temperança manda evitar toda espécie de excesso, o abuso de comida, de bebida, do fumo e dos medicamentos.

Os que bebem e colocam em risco a vida dos outros se tornam responsáveis e gravemente culpados.

O uso das drogas causa gravíssimos danos à saúde e à vida humana. Salvo indicações terapêuticas, constitui falta grave. A produção clandestina e o tráfico de drogas são práticas escandalosas que cooperam com o mal e incitam práticas contrárias à lei moral.

### O respeito à pessoa e à pesquisa científica

As experiências científicas, médicas ou psicológicas em pessoas ou grupos humanos podem ajudar a cura de doenças e a saúde pública.

As pesquisas científicas de base constituem uma expressão do domínio do homem sobre a criação. A ciência e a técnica são recursos à disposição do homem e promovem o desenvolvimento integral de todos. Elas estão ordenadas para o homem e encontram na pessoa e em seus valores morais a indicação de sua finalidade e a consciência de seus limites. Não há neutralidade moral na pesquisa e em suas implicações. Os critérios não se podem apoiar na eficiência técnica e na utilidade de alguns em prejuízo de outros e muito menos em favor de ideologias dominantes.

A ciência e a técnica devem respeitar incondicionalmente os critérios fundamentais da moralidade. A pesquisa não torna legítimo nenhum ato contra a dignidade das pessoas e contra a lei moral. O consentimento do sujeito também não justifica as pesquisas.

Experiências em seres humanos não são moralmente legítimas se colocam em riscos desproporcionais ou evitáveis a vida ou a integridade física ou psíquica do sujeito. Não podem acontecer sem o consentimento do sujeito ou de seus representantes legais, mas só o consentimento não justifica o ato.

O transplante de órgãos é conforme a lei moral, se o bem alcançado é proporcional ao risco que sofre o doador.

A doação de órgãos após a morte é um gesto digno de louvor, merece encorajamento como gesto de solidariedade.

Não é moralmente permitido provocar mutilações que tornem alguém inválido ou provoquem a morte, mesmo que seja para retardar a morte de outra pessoa.

### O respeito à integridade corporal

São moralmente ilegítimos os seqüestros e as tomadas de reféns, pois fazem reinar o terror e exercem pressões intoleráveis sobre as vítimas.

O terrorismo ameaça, fere e mata sem discriminação. É grave e contrário à justiça e à caridade.

A tortura que usa a violência física ou moral para arrancar confissões, castigar culpados, amedrontar opositores e satisfazer ódios é contrária ao respeito pela pessoa e pela dignidade humana.

### Respeito aos mortos

Deve-se ter cuidado especial com os moribundos para ajudá-los em seus últimos momentos na dignidade e na paz. Eles devem ser ajudados pelas orações dos familiares que cuidarão para que recebam os sacramentos.

Os corpos dos defuntos devem ser tratados com respeito e caridade, na fé e na esperança da ressurreição. O enterro dos mortos é obra de misericórdia.

A autópsia de cadáveres é moralmente admitida por motivos de investigação legal ou de pesquisa científica. A doação de órgãos, após a morte, é legítima e meritória.

A Igreja permite a cremação de cadáveres, se isso não implicar uma posição contrária à fé na ressurreição dos corpos.

## 3. A salvaguarda da paz

Ao lembrar o preceito "não matar", Jesus pede a paz do coração e denuncia a imoralidade da cólera assassina e do ódio.

A cólera é o desejo de vingança. Esse desejo é ilícito. Se a cólera chega ao desejo deliberado de matar o próximo ou de feri-lo, isso é gravemente contra a caridade.

O ódio voluntário é contrário à caridade. É pecado querer deliberadamente o mal ou um grave dano. (Mt 5,44).

A paz é exigência do respeito e do desenvolvimento da vida humana. Não é só ausência de guerra e não se limita a garantir o equilíbrio entre forças adversas e contrárias. É obra da caridade, da justiça, da solidariedade, do respeito à dignidade da pessoa humana e dos povos.

A paz na terra é imagem e fruto da paz de Cristo. Ele é a nossa paz (Ef 2,14). Jesus chamou de bem-aventurado aquele que promove a paz.

Dão testemunho do Evangelho os que renunciam a ações de violência, procuram proteger os direitos humanos, lutam pela defesa dos mais fracos, sem com isso lesar os direitos e as obrigações dos outros e da sociedade.

### *Evitar a guerra*

O quinto mandamento proíbe a destruição voluntária da vida humana. Por causa dos males que a guerra traz, a Igreja reza e pede orações para que Deus nos livre dela.

Cada cidadão e cada governante têm de agir de modo a evitar

as guerras. Onde se esgotaram todos os recursos para negociar a paz, não se poderá negar aos governantes o direito à legítima defesa.

É preciso considerar com rigor as condições de uma legítima defesa pela força militar. A guerra deve ocorrer quando:

– O dano que é caudado pelo agressor for grave e certo.

– Todos os outros meios se tornarem impraticáveis ou ineficazes.

– Houver condições sérias de êxito.

– O emprego de armas não acarretar um mal maior.

Os poderes públicos devem cuidar daqueles que são chamados ao serviço da pátria na vida militar. Eles estão a serviço do bem comum e da paz.

Os poderes públicos devem respeitar aqueles que recusam o emprego de armas por motivo de consciência, embora eles devam servir à pátria de outra forma.

Durante os conflitos armados continuam válidas as leis morais; nem tudo é lícito entre as partes. Os não-combatentes, os feridos e os prisioneiros devem ser tratados com humanidade.

São crimes atos deliberadamente contrários ao direito dos povos e a seus princípios universais, bem como as ordens que os determinam. O extermínio de um povo ou de uma minoria étnica deve ser condenado como um pecado mortal.

Qualquer ação bélica que venha a destruir indiscriminadamente cidades inteiras ou regiões com seus habitantes é crime contra Deus e contra o homem. São crimes que podem ser cometidos com o uso de armas químicas, biológicas ou atômicas.

A acumulação de armas é considerada como um mecanismo para afastar e dissuadir o adversário. Esse procedimento tem severas restrições morais.

A corrida aos armamentos não garante a paz ou elimina as causas das guerras, mas pode até agravá-las. O superarmamento aumenta o risco de conflitos.

A produção e o comércio de armas afetam o bem comum das nações e da comunidade internacional. Por isso, devem ser regulamentados e não podem ceder aos interesses privados ou coletivos que fomentam violência e conflitos entre as nações, comprometendo a ordem internacional.

As injustiças, as desigualdades sociais e econômicas, a ganância entre os homens e nações ameaçam sem cessar a paz e causam a guerra.

"Bem-aventurados os que promovem a paz, porque serão chamados filhos de Deus" (Mt 5,9).

*Artigo 6*
## O sexto mandamento

"Não cometerás adultério" (Êx 20,14).

"Ouvistes o que foi dito: 'Não cometerás adultério'. Eu, porém, vos digo: todo aquele que olha para uma mulher com desejo libidinoso, já cometeu adultério com ela em seu coração" (Mt 5,27-28).

## 1. "Homem e mulher os criou"

Deus é amor e vive em si uma comunhão de amor. Ao criar a humanidade, colocou nela a vocação para viver no amor. O amor é sua vocação original e fundamental.

Deus criou o homem e a mulher à sua imagem (Gn 1,27). Ao criá-los, lhes deu a sua dignidade pessoal de maneira igual a ambos (Gn 5,1-2).

A sexualidade afeta o ser humano em todos os seus aspectos, em sua unidade de corpo e alma. Sexualidade não é só sexo, mas compreende a afetividade, a capacidade de amar e de procriar, de criar vínculo de comunhão entre as pessoas.

Cada um tem de reconhecer e aceitar sua identidade sexual. A diferença e a complementaridade físicas, morais e espirituais estão orientadas para o bem do casamento e para o desabrochar de uma vida familiar. A harmonia do casal depende de como eles vivem a sexualidade, de como se completam e de como vivem as necessidades e o apoio mútuos.

Homem e mulher foram criados com igual dignidade, embora de maneira diferente, à imagem de Deus. No casamento imitam a generosidade e a fecundidade de Deus. "Por isso o homem deixa seu pai e sua mãe, se une à sua mulher, e eles se tornam uma só carne" (Gn 2,24). Dessa união procedem as gerações humanas.

Jesus restaura a criação em sua pureza de origem. No Sermão da Montanha, ele interpreta o plano do Pai: "Ouvistes o que foi dito: 'Não cometerás adultério'. Eu porém vos digo: todo aquele que olha para uma mulher com desejo libidinoso já cometeu adultério com ela em seu coração"(Mt 5,27-28). O homem não deve separar o que Deus uniu.

A Tradição da Igreja entendeu o sexto mandamento como englobando o conjunto da sexualidade humana.

## 2. A vocação à castidade

A castidade é a integração correta da sexualidade na pessoa; a busca de sua unidade interior. A sexualidade tem sua realidade corporal e biológica, mas se torna pessoal e humana quando é integrada na relação de pessoa a pessoa, na doação mútua integral e temporariamente ilimitada do homem e da mulher. É uma virtude que ajuda na integridade da pessoa e na totalidade da doação.

## A integridade da pessoa

A pessoa casta guarda a integridade de suas forças vitais e do amor depositado nela. Essa integridade garante a unidade da pessoa e se opõe ao comportamento que possa feri-la.

Para ser casto é necessário passar por uma aprendizagem do domínio de si, uma pedagogia da liberdade humana. Ou o homem comanda suas paixões e obtém a paz ou elas o comandam e o tornam infeliz.

A dignidade do homem exige que ele possa agir de acordo com uma opção consciente e livre, que seja movido por uma convicção pessoal e não por força de impulsos internos e de coação externa. Essa é a liberdade que deve ser conquistada.

Fiel às promessas do batismo, o homem deve usar meios para resistir às tentações:

– o conhecimento de si mesmo;
– a prática da ascese de acordo com a situação em que se encontra;
– a obediência aos mandamentos divinos;
– a fidelidade às orações.

A castidade nos recompõe, reconduzindo-nos à unidade que tínhamos perdido.

A virtude da castidade é comandada pela virtude da temperança, que faz as paixões e os apetites da sensibilidade humana dependerem da razão.

O domínio de si é um trabalho longo e nunca deve ser considerado como definitivamente adquirido. Exige esforço em todas as etapas da vida.

A castidade tem etapas de crescimento e esse crescimento passa por graus marcados pela imperfeição – às vezes, pelo pecado. Dia a dia o homem se conhece, se ama e realiza o bem moral conforme as etapas de seu crescimento.

Educar-se para ser casto é uma tarefa pessoal. Supõe esforço cultural que ajude a desenvolver qualidades mediante a comunicação com os outros.

A castidade é uma virtude moral. É dom, é graça. O Espírito Santo concede o dom de imitar a pureza de Jesus para quem foi regenerado pelas águas do batismo.

### Integralidade da doação de si mesmo

A caridade é a forma de todas as virtudes; influenciada por ela, a castidade aparece como uma escola de doação. Ela transforma quem a pratica em testemunha da ternura, do amor de Deus.

A virtude da castidade desabrocha e se expressa na amizade. Ensina a seguir Jesus, que se doou totalmente. Ela é a promessa de imortalidade.

### As diversas formas de castidade

Todo batizado é chamado à castidade, cada um segundo seu estado de vida: uns na virgindade ou no celibato, dedicando a Deus com o coração indiviso; outros, casados ou celibatários, conforme as leis morais ensinam. Os casados são chamados a viver a castidade conjugal; outros praticam a castidade na continência.

Os noivos são convidados a viver a castidade na continência. Nesse esforço, eles descobrem o respeito mútuo, aprendem a fidelidade, a esperança de serem recebidos por Deus. Reservarão o casamento como tempo das manifestações específicas do amor conjugal. Eles devem ajudar-se a crescer na virtude da castidade.

## Ofensas à castidade

A *luxúria* é um desejo desordenado ou um gozo desregrado do prazer venéreo. O prazer sexual é moralmente desordenado quando buscado em si mesmo.

A *masturbação* é a excitação voluntária dos órgãos genitais, a fim de se conseguir um prazer venéreo. Tanto no Magistério como na Tradição, sempre se afirmou que a masturbação é um ato intrínseca e gravemente desordenado. Tudo tem uma finalidade e o que é feito fora da finalidade é desordenado.

No entanto, para formar um juízo sobre a responsabilidade moral dos sujeitos e orientar as pessoas, dever-se-á levar em conta imaturidade afetiva, a força dos hábitos contraídos, o estado de angústia ou outros fatores psíquicos que diminuem e atenuam a culpabilidade moral.

A *fornicação* é a união carnal, fora do casamento, entre um homem e uma mulher livres. É gravemente contrária à dignidade das pessoas e da sexualidade humana e também, no caso de corrupção de jovens, é um grave escândalo.

*A pornografia* consiste em retirar os atos sexuais reais ou simulados da intimidade dos parceiros para exibi-los a terceiro de maneira deliberada. Ofende a castidade desnaturando o ato sexual.

É contra a dignidade de quem a pratica (atores, comerciantes, público etc.), porque cada um se torna para o outro objeto de um prazer rudimentar e de um proveito ilícito, mergulhando os outros numa ilusão de um mundo artificial. É uma falta grave. As autoridades devem impedir a produção e a divulgação de materiais pornográficos.

A *prostituição* é contra a dignidade de quem se prostitui. Peca quem faz e quem paga. A prostituição é um flagelo social que envolve mulheres e homens, crianças e adolescentes. É sempre pecaminoso entregar-se à prostituição. A miséria, a pressão social e a chantagem podem reduzir a culpabilidade dessa falta.

O *estupro* consiste em aproveitar sexualmente de uma pessoa à força, com violência. Fere a justiça e a caridade, lesa o direito ao respeito devido a cada um, à liberdade, à integridade física e moral. Provoca um grave dano que pode marcar a vítima por toda a vida. É sempre intrinsecamente mau. Mais grave é o estupro cometido pelos pais (cf. incesto) ou educadores contra crianças que lhes são confiadas.

### Castidade e homossexualidade

A homossexualidade é a relação entre homens e mulheres que sentem atração exclusiva ou predominante pelo mesmo sexo. Há muitas formas, de acordo com épocas e costumes. Há dificuldades em explicar porque e como isso aparece na pessoa.

Apoiada nas Escrituras, a Tradição sempre apresentou os atos de homossexualidade como depravação grave, intrinsecamente desordenados e contrários à lei natural. Não nascem de uma complementaridade afetiva e sexual verdadeira.

Há muitas pessoas que apresentam uma tendência homossexual profundamente enraizada. Devemos acolhê-los com respeito, sabendo que isso constitui para muitos uma provação. Essas pessoas também são chamadas a realizar a vontade de Deus em sua vida. Elas também são chamadas a viver a castidade, viver na graça, na oração.

## 3. A amor entre os esposos

A sexualidade está ordenada para o amor conjugal entre homem e mulher. No casamento, a intimidade corporal dos esposos é sinal e garantia de comunhão espiritual. Entre batizados o vínculo matrimonial é santificado pelo sacramento.

Os atos próprios e exclusivos dos esposos não são atos puramente biológicos, mas se relacionam com o interior da pessoa. São atos humanos se forem parte integrante do amor com o qual um se entrega ao outro até a morte. São atos honestos e dignos.

O amor conjugal atende ao duplo fim do matrimônio: as exigências da fidelidade e da fecundidade.

### A fidelidade conjugal

O casal forma uma íntima comunhão de vida e de amor. Isso se inicia com o pacto conjugal: o consentimento pessoal e irrevogável. Não são dois, mas uma só carne. Essa união é uma e indissolúvel (Mc 10,9).

A fidelidade expressa a constância em manter a palavra dada. No sacramento, o casal entra na fidelidade de Cristo à sua Igreja.

### A fecundidade do matrimônio

O amor tende a ser fecundo. A fecundidade é uma graça, uma finalidade do matrimônio. Os filhos surgem no âmago dessa doação mútua como fruto e realização da mesma.

A Igreja está a favor da vida e ensina que "qualquer ato matrimonial deve permanecer aberto à transmissão da vida" (*Humanae vitae* 11).

Os esposos são chamados a serem cooperadores do amor de Deus criador ao darem a vida a um ser humano. Essa missão exige amor e responsabilidade cristã e humana.

Um dos aspectos dessa responsabilidade diz respeito à regulação da procriação. Os esposos podem espaçar o nascimento dos filhos por razões justas. Não pode haver egoísmo, mas deve haver generosidade na paternidade responsável, levando-se em conta os critérios objetivos da moral: critérios de reta intenção, tirados da natureza da pessoa, que respeitam o sentido integral da doação mútua e da procriação num contexto de amor.

A continência periódica, os métodos de regulação da natalidade baseados na autoconservação e no recurso aos períodos infecundos estão de acordo com os critérios da moralidade. Eles respeitam o corpo, animam a ternura e favorecem a educação de uma liberdade autêntica.

É intrinsecamente mau todo ato que pretenda como fim ou como meio tornar impossível a procriação (*Humanae vitae* 14).

O Estado é responsável pelo bem-estar dos cidadãos. Deve orientar a demografia da população com informações objetivas e respeitosas. Não pode substituir a iniciativa dos esposos e intervir nesse campo com meios contrários à moral.

*Comentando*

Há muitas reflexões teológicas que fazem observações à Encíclica *Humanae vitae* por suas concepções e seu radicalismo.

Em tese, todos os princípios podem ser exatos, mas a vida não acontece no nível das discussões e no nível filosófico, ela acontece no dia-a-dia, em que nem sempre as pessoas possuem a lucidez e a liberdade que esses princípios exigem.

Hoje se fala em paternidade responsável com uma visão nova, que respeita a consciência do sujeito. Há quem diga hoje que ninguém deve entrar no quarto do casal. Deve-se ter o tão falado respeito pela pessoa humana, pois ela deve decidir sua vida e seus atos.

É mais rico ensinar a viver uma vida no amor do que ficar colocando cercas que proíbam ir e vir com dignidade. Ter filho ou não ter, e a maneira como educá-lo pertencem ao íntimo da consciência da pessoa, para a qual ninguém faz leis.

## O dom do filho

Os filhos são dons de Deus e na Bíblia uma família numerosa é sinal de bênçãos divinas (*GS* 50,2).

Há muitos casais estéreis. As pesquisas que visam diminuir a esterilidade humana devem ser estimuladas com a condição de estar a serviço da pessoa e de acordo com o projeto de Deus.

As técnicas que provocam dissociação de parentesco pela intervenção de pessoa estranha ao casal (doação de esperma ou de óvulo, empréstimo de útero) são gravemente desonestas. As técnicas (inseminação e fecundação artificial com concorrência de um terceiro) lesam o direito da criança de nascer de um pai e mãe conhecidos dela e ligados entre si pelo casamento.

As técnicas homólogas (inseminação com concorrência dos esposos) são menos claras a um juízo, mas continuam moralmente inaceitáveis. Não são um ato pelo qual duas pessoas se doam uma à outra, mas um ato para o poder dos médicos. Não condizem com a dignidade da pessoa e não são fruto de um ato conjugal. O filho é dom e não objeto de propriedade.

O Evangelho mostra que a esterilidade física não é um mal absoluto. Esgotados os recursos, os esposos devem unir-se a Cristo e na caridade procurar adotar uma criança ou prestar serviço em favor do próximo.

## 4. Ofensas à dignidade do matrimônio

– *Adultério*: É o ato da infidelidade conjugal. Acontece quando dois parceiros, dos quais ao menos um é casado, estabelecem uma relação sexual entre si, ainda que efêmera. Esse pecado figura como pecado de idolatria, condenado na Bíblia e por Jesus.

O adultério é uma injustiça. Quem o comete falta aos seus compromissos, fere o vínculo matrimonial, lesa o direito do outro cônjuge e prejudica a instituição do matrimônio desestabilizando a família.

– *Divórcio*: O Senhor instituiu o casamento como indissolúvel, ab-rogando as tolerâncias introduzidas na lei antiga (Mt 5,31; 19,3).

Entre batizados, o matrimônio, retificado e consumado não pode ser dissolvido por nenhum poder humano nem por nenhuma causa, exceto a morte.

A separação dos esposos, mantendo o vínculo matrimonial, pode ser legítima em certos casos previstos pelo Direito Canônico (*CIC* 1151-1155). Em favor da educação dos filhos e defesa do patrimônio o divórcio civil pode ser tolerado.

O divórcio é uma ofensa grave à lei natural. Pretende romper um contrato livremente consentido pelos esposos de viver um com o ouro até a morte. Lesa o sacramento do matrimônio. O cônjuge recasado passa a se encontrar em situação de adultério público.

O cônjuge que se esforçou sinceramente para ser fiel ao sacramento e é vítima de um divórcio decidido pela lei civil não viola o preceito moral.

– *Poligamia* (ter várias mulheres): Não se coaduna com a lei moral. Opõe-se à comunhão conjugal, contraria a igual dignidade entre homem e mulher. O cristão que foi polígamo está gravemente obrigado a honrar as obrigações contraídas para com suas antigas mulheres, bem como para com os filhos.

– *Incesto*: Designa as relações íntimas entre parentes ou pessoas afins em grau que proíba o casamento. É falta grave, pois corrompe as relações familiares e indica uma regressão à animalidade. Pode ser ligado a perversões sexuais praticadas por adultos com crianças confiadas à sua guarda. Causa danos físicos e morais às crianças e aos jovens.

– *União livre:* É quando homem e mulher se recusam a dar uma forma jurídica e pública a uma ligação que implica intimidade. É uma expressão enganosa, em que não se pode confiar.

Alguns reclamam uma espécie de experiência quando há intenção de se casar. Mas o amor humano não tolera experiências. Ele exige uma doação total e definitiva das pessoas entre si. A união carnal não é moralmente legítima, a não ser quando se instaura uma comunidade de vida definitiva entre homem e mulher.

*Artigo 7*
## O sétimo mandamento

"Não roubarás" (Êx 20,15; Mt 19,18).

O sétimo mandamento proíbe tomar ou reter injustamente os bens do próximo ou lesá-lo de qualquer modo em relação aos mesmos bens. Esse mandamento prescreve que a gestão dos bens terrestres seja comandada pela justiça e pela caridade. Exige, em vista do bem comum, a destinação universal dos bens e o direito de propriedade privada.

## 1. A destinação universal dos bens e a propriedade privada dos bens

No início, Deus confiou a terra e seus recursos à administração comum da humanidade (Gn 1,26-29). Os bens da criação são destinados a todo o gênero humano. A terra hoje está repartida entre os homens para garantir a segurança, mas fica exposta à miséria e à violência.

A apropriação dos bens para garantir a liberdade e para prover as necessidades fundamentais é legítima. Deve, porém, haver espaço para a solidariedade.

O direito à propriedade privada, adquirida ou recebida de modo justo, não abole a doação da terra à humanidade.

A destinação universal dos bens continua primordial, mesmo se a promoção do bem comum exigir o respeito pela propriedade privada. Não devemos considerar as coisas materiais apenas como próprias, mas devemos perceber que elas podem ser úteis a todos. Na verdade, somos apenas administradores.

Os bens de produção devem ser respeitados e cuidados. Aqueles que possuem os bens de consumo devem usá-los com moderação, lembrando dos doentes, dos pobres.

As autoridades políticas têm o dever e o direito de fomentar o exercício legítimo do direito de propriedade em função do bem comum.

## 2. O respeito às pessoas e a seus bens

Em matéria econômica, o respeito à dignidade humana exige a prática da virtude da temperança, que modera o uso dos bens; da virtude da justiça, que preserva o direito do próximo e faz dar a ele o que lhe é devido, e da solidariedade, que ensina a cuidar dos outros, levando à partilha e à generosidade.

### *O respeito aos bens dos outros*

O sétimo mandamento proíbe o roubo, isto é, a usurpação do bem de outro contra a vontade do proprietário. Não há roubo se o consentimento pode ser presumido ou se a recusa for contrária à razão e à destinação universal dos bens. Em caso de necessidade urgente e quando não há outro meio de supri-la, é lícito dispor e usar dos bens dos outros.

Toda forma de apropriação e de uso injusto dos bens é contra o sétimo mandamento; assim como reter bens emprestados ou objetos perdidos, defraudar o comércio, pagar salários injustos, elevar os preços especulando a ignorância ou miséria alheia. São moralmente ilícitos:

– a especulação, pela qual se faz variar artificialmente a avaliação dos bens, visando vantagens em prejuízo dos outros;
– a corrupção, pela qual se compra julgamento daqueles que devem tomar decisões de acordo com o direito;
– a apropriação e uso privados dos bem sociais;
– os trabalhos mal feitos;
– a fraude fiscal;
– a falsificação de cheques e faturas;
– os gastos excessivos;
– o desperdício.

Causar prejuízos voluntariamente aos proprietários privados ou públicos é contrário à lei moral e exige reparação.

As promessas devem ser mantidas e os contratos devem ser rigorosamente observados à medida que os compromissos assumidos forem justos. Todos os contratos devem ser feitos e executados de boa fé.

A justiça exige a restituição do bem furtado a seu proprietário.

Os jogos de azar e as apostas, em si, não são contrários à justiça. São inaceitáveis quando privam as pessoas do necessário para si e para os outros. A paixão pelo jogo pode transformar-se em dependência grave. Apostar injustamente ou trapacear nos jogos constitui matéria grave.

O sétimo mandamento proíbe atos e empreendimentos que, por qualquer razão, levem a escravizar seres humanos ou a usá-los como mercadorias. É um pecado contra a dignidade das pessoas e contra seus direitos fundamentais.

## *O respeito pela integridade da criação*

Esse mandamento manda respeitar a integridade da criação. Os animais, as plantas e os seres inanimados estão destinados ao bem comum da humanidade. Tudo tem de ser controlado pelas exigências morais. Ninguém tem domínio absoluto sobre os seres vivos e inanimados, mas esse domínio é medido pela preocupação pela qualidade de vida, inclusive das gerações futuras.

Os animais devem ser tratados com carinho. O homem é apenas um administrador. É legítimo servir-se dos animais para alimentação e para trabalho. Os experimentos médicos em animais, desde que dentro dos limites razoáveis e que tragam contribuições para a cura e para salvar vida humana, são práticas humanamente admissíveis.

# 3. A doutrina social da Igreja

A revelação cristã faz a gente entender melhor as leis da vida social. Ela revela a verdade sobre o homem. A Igreja ensina as exigências da justiça e da paz.

A Igreja emite um juízo moral em matéria econômica e social, quando o exigem os direitos fundamentais da pessoa e a salvação do homem.

Na ordem da moralidade, a Igreja é distinta dos poderes públicos. Ela se preocupa em inspirar atitudes justas em relação aos bens terrenos e às relações socioeconômicas em razão do bem comum.

Desde o século XIX, a Igreja, baseada no Evangelho, vem desenvolvendo sua doutrina social no contato com o mundo moderno, com a sociedade industrial, com o Estado, com suas novas formas de trabalho e de propriedade.

Essa doutrina apresenta princípios de reflexão, critérios de juízo e orientações para a ação. São alguns princípios:

– as relações sociais determinadas por fatores econômicos são contrárias à natureza das pessoas e de seus atos;

– a teoria que faz do lucro a regra exclusiva e o fim último da atividade econômica é moralmente inaceitável;

– o desejo desordenado pelo dinheiro produz efeitos perversos, causa conflitos que perturbam a ordem social;

– um sistema que sacrifica os direitos fundamentais de pessoas ou grupos em favor da organização coletiva da produção é contrário à dignidade humana;

– toda prática que reduz a pessoa a meros meios para se obter lucro escraviza o homem, conduz à idolatria do dinheiro e difunde o ateísmo.

A Igreja rejeita ideologias totalitárias e atéias associadas, nos tempos modernos, ao consumismo e ao socialismo.

A Igreja, na prática do capitalismo, recusa o individualismo e o primado absoluto da lei de mercado sobre o trabalho humano.

Alerta que a regulamentação da economia exclusivamente por meio de planejamento centralizado perverte na base os vínculos sociais. Sua regulamentação pela lei do mercado vai contra a justiça social, pois há necessidades humanas que não podem ser atendidas por essa lei.

Pede uma regulamentação do mercado e das iniciativas econômicas, de acordo com uma justa hierarquia de calores em vista do bem comum.

## 4. A atividade econômica e a justiça social

O desenvolvimento das atividades econômicas e o crescimento da produção estão destinados a servir às necessidades dos seres humanos.

A vida econômica não visa só multiplicar os bens produzidos, aumentando o lucro ou o poder, mas está orientada para o serviço das pessoas e da comunidade.

Conduzida segundo métodos próprios, a atividade econômica deve ser exercida dentro dos limites da ordem moral, segundo a justiça social, dentro do plano de Deus.

O trabalho humano procede diretamente das pessoas criadas por Deus e chamadas a prolongar a obra da criação. O trabalho é um dever (2Ts 3,10). O trabalho honra os dons de Deus, desenvolve os talentos recebidos e também santifica. O trabalho é para o homem e não o homem, para o trabalho.

Cada um deve tirar do trabalho os meios para sustentar a si e aos seus, bem como prestar serviço à comunidade humana.

Cada um tem direito à iniciativa econômica, em que usará seus talentos para contribuir com abundância para o proveito de todos e para o próprio sustento. Deve seguir as orientações das autoridades competentes, tendo em vista o bem comum.

A responsabilidade do Estado: a atividade econômica, principalmente a economia de mercado, não pode se desenvolver num vazio institucional, jurídico e político. Ela supõe que sejam asseguradas as garantias de liberdade individual e de propriedade sem esquecer uma moeda estável e serviços públicos eficazes.

O dever do estado é assegurar essas garantias para que o trabalho produza frutos, seja estimulado e o realize com eficácia e honestidade.

O Estado tem o dever de vigiar e conduzir a aplicação dos direitos humanos no setor econômico. No entanto, a primeira responsabilidade cabe aos grupos e às instituições que compõem a sociedade.

Os responsáveis pelas empresas têm, perante a sociedade, a responsabilidade econômica e ecológica por suas operações. Devem considerar o bem das pessoas e não apenas o lucro, embora este seja necessário para investimentos na empresa.

O acesso ao trabalho e à profissão deve estar aberto a todos, sem discriminações injustas. Toda a sociedade tem obrigação de ajudar o cidadão a conseguir emprego e trabalho.

O salário justo é fruto legítimo do trabalho. É grave injustiça retê-lo. Para avaliar a remuneração justa as necessidades, funções e contribuições de cada um devem ser avaliadas levando-se em conta as funções, a produtividade, a situação da empresa, o bem comum e a remuneração do trabalho, que deve garantir os recursos necessários para uma vida digna.

A greve é moralmente legítima quando se apresenta como recurso inevitável e necessário em vista de um benefício proporcionado. É inaceitável quando acompanhada de violência ou objetivos desligados da condição de trabalho ou quando contrária ao bem comum.

É injusto não pagar aos organismos de seguridade social as cotas estipuladas pelas autoridades legítimas.

A privatização do trabalho por causa do desemprego, para quem sofre, é um atentado à dignidade e uma ameaça ao equilíbrio da vida. Além do prejuízo para o empregado, há risco para seu lar.

## 5. Justiça e solidariedade entre as nações

No plano internacional verifica-se grande desigualdade de recursos e meios econômicos que provocam distância entre as nações. De um lado, os que detêm e desenvolvem os meios de crescimento, de outro lado, os que acumulam dívidas.

Hoje a questão social é problema de dimensão mundial. A solidariedade entre as nações se faz necessária para resolver a questão.

É necessário substituir sistemas e mecanismos perversos, sistemas financeiros abusivos e até usurários, relações comerciais iníquas entre as nações e a corrida armamentística, que impedem o desenvolvimento dos paises pobres. É preciso mobilizar recursos e objetivos para um sadio desenvolvimento moral, cultural e econômico em nova escala de valores.

As nações ricas têm responsabilidade moral na ajuda a nações pobres que não têm condição de se desenvolver sozinhas e no pagamento das riquezas provenientes dos recursos naturais. Também é necessário reformar as instituições financeiras e econômicas internacionais para que promovam relações eqüitativas com países menos desenvolvidos.

Não cabe aos pastores da Igreja intervir diretamente na construção política e na organização da vida social. Essa é tarefa do leigo. A ação social deve levar em conta o bem comum, a mensagem evangélica e a doutrina da Igreja.

## 6. O amor aos pobres

Deus abençoa aqueles que ajudam os pobres, reprova aqueles que se afastam deles (Mt 5,42). O amor aos pobres é também um motivo do dever do trabalho para partilhar com quem tiver necessidade.

O amor ao pobre é incompatível com o amor imoderado às riquezas ou com o uso egoísta delas (Tg 5,1-6).

A Igreja apresenta as bem-aventuranças como caminho da construção de uma nova ordem social.

As obras de misericórdias são ações caritativas pelas quais socorremos o próximo em suas necessidades corporais e espirituais: instruir, aconselhar, consolar, perdoar e suportar com paciência, por exemplo. As obras de misericórdias corporais nos levam a dar de comer e beber, a visitar doentes, vestir maltrapilhos e sepultar os mortos.

A Igreja recomenda e ensina o amor preferencial aos pobres, procurando ajudá-los a se libertarem e defendendo-os da ganância.

*Artigo 8*
# O oitavo mandamento

"Não apresentarás um falso testemunho contra teu próximo" (Êx 20,16).

"Ouvistes também o que foi dito aos antigos: 'Não perjurarás, mas cumprirás os teus juramentos para com o Senhor' " (Mt 5,33).

O oitavo mandamento proíbe falsear a verdade nas relações com os outros. Essa prescrição decorre da vocação do povo santo para ser testemunha de seu Deus, que é a verdade.

As ofensas à verdade exprimem por palavras e atos uma recusa de abraçar a retidão moral. Essas infidelidades a Deus minam a base da Aliança.

## 1. Viver na verdade

A Bíblia diz que Deus é a fonte da verdade. Uma vez que Deus é veraz, seu povo também é chamado a viver na verdade.

Em Jesus a verdade de Deus manifestou-se plenamente. Ele é a luz, é a verdade (Jo 14,6). Seguir Jesus é viver no Espírito da verdade (Jo 14,17). Jesus ensina o amor incondicional à verdade (Mt 5,37).

O homem tem tendência natural à verdade; sua dignidade de ser pessoa impele a procurar a verdade e a aderir a ela, ordenando sua vida segundo a verdade.

A verdade como retidão do agir e da palavra humana tem o nome de veracidade, sinceridade e franqueza. É a virtude que consiste em mostrar-se verdadeiro no agir e no falar, fugindo da duplicidade, da simulação e da hipocrisia.

É impossível a convivência humana se não houver confiança recíproca. Por justiça, um homem deve sempre manifestar a verdade a outro.

É programa do discípulo de Jesus viver na verdade e na simplicidade de vida, conforme o exemplo do Senhor (1Jo 1,6).

## 2. Dar testemunho da verdade

A exemplo de Jesus, diante de Pilatos, proclamando que veio ao mundo para dar testemunho da verdade (Jo 18,37), o cristão, nas situações que exigem declaração de fé, deve professá-la sem medo e deve dar sempre testemunho da verdade (2Tm 1,8).

O cristão tem de participar da vida da Igreja e dar testemunho do evangelho e das obrigações decorrentes dele.

O martírio é o supremo testemunho prestado à verdade da fé; é um testemunho que vai até a morte. Com carinho a Igreja recolheu as lembranças daqueles que foram até o fim para testemunhar Jesus.

## 3. As ofensas à verdade

Os discípulos de Cristo devem rejeitar toda a mentira, a hipocrisia, inveja e maledicência (1Pd 2,1).

*Falso testemunho e perjúrio* ocorrem quando é emitida publicamente uma afirmação contrária à verdade e essa afirmação adquire uma gravidade particular. Diante de um tribunal, isso é um falso testemunho. Quando se está sob juramento, é um perjúrio. Essas formas de agir podem condenar um inocente ou inocentar um culpado. Eles comprometem o exercício da justiça e a equidade das sentenças pronunciadas pelos juízes.

O respeito à reputação das pessoas proíbe qualquer atitude ou quaisquer palavras capazes de causar prejuízo injusto. Torna-se culpado:

– de juízo temerário quem mesmo tacitamente admite como verdadeiro um defeito moral no próximo, sem fundamento suficiente;

– de maledicência quem, sem razão objetivamente válida, revela os defeitos dos outros a pessoas que não os conheciam;

– de calúnia quem, por palavras contrárias à verdade, prejudica a reputação dos outros e dá ocasião a falsos juízos a respeito deles.

É obrigação cristã interpretar de modo favorável os pensamentos, as palavras e as ações do próximo.

A maledicência e a calúnia destroem a reputação e a honra do próximo. A honra é um direito natural de todos.

Devemos afastar-nos de toda a atitude que, por bajulação, adulação ou complacência, encoraje e confirme o outro na malícia de seus atos e na perversidade de sua conduta.

A jactância ou a fanfarronice é falta contra a verdade. O mesmo vale para a ironia que visa depreciar, fazendo caricatura do outro em seu comportamento de modo maldoso.

A mentira consiste em dizer o que é falso com intenção de enganar. Jesus denunciou a mentira como obra diabólica (Jo 8,44). É uma ofensa direta à verdade e é feita para induzir ao erro.

A gravidade da mentira se mede segundo a natureza da verdade que ela deforma, segundo as circunstâncias e as intenções de quem a comete e os prejuízos sofridos.

Embora seja um pecado venial, pode se tornar mortal quando fere gravemente a justiça e a caridade. A mentira é condenável em sua natureza. É uma profanação da palavra. A culpa é maior ou menor de acordo com a intenção e as conseqüências que traz para os que foram desviados da verdade.

Toda falta cometida contra a verdade e contra a justiça exige reparação, mesmo que o autor seja perdoado. Quando é impossível repará-la publicamente, deve-se fazê-lo em segredo. Quando houver prejuízo e o autor da falta não tiver meios de pagar, ele pelo menos deve dar uma satisfação em nome da caridade. A reparação é também exigida no caso das faltas contra a reputação de outrem. A reparação deve ser na proporção do dano causado e obriga em consciência.

## 4. O respeito à verdade

O direito da comunicação da verdade não é incondicional. Cada um tem de conformar sua vida com o preceito evangélico do amor.

A caridade vai avaliar quando se deve dizer ou não a verdade a quem pede. O homem pode calar-se quando isso exige o bem e a segurança do outro, o respeito à vida, o bem comum. O dever de evitar escândalo impõe às vezes estrita descrição. Ninguém pode revelar uma verdade a quem não tem o direito de conhecê-la.

O sigilo do sacramento da Reconciliação é sagrado e não pode ser traído sob nenhum pretexto; ele é inviolável.

Os segredos profissionais ou as confidências feitas sob sigilo devem ser guardados, a menos que causem prejuízo grave a alguém. Sempre precisa haver uma razão grave para se revelar algo nesse campo.

Cada um tem de manter justa reserva a respeito da vida privada das pessoas.

Os responsáveis pela comunicação devem manter a justa proporção entre as exigências do bem comum e os direitos particulares.

A ingerência na vida privada de pessoas comprometidas numa atividade política ou pública é condenável na medida em que viola sua intimidade e sua liberdade.

# 5. O uso dos meios de comunicação social

Na sociedade moderna, os meios de comunicação exercem um papel primordial na informação, na promoção cultural e na formação. Esse papel cresce com o progresso técnico.

A informação dos meios de comunicação social está a serviço do bem comum. Isso exige que a comunicação seja, quanto ao objeto, verídica e completa, dentro do respeito às exigências da justiça e da caridade; quanto ao modo, deve ser honesta e conveniente, de acordo com a lei moral, com o direito e com a dignidade do homem.

Todos têm o dever de consciência de seguir a justiça e a verdade; por isso, devem empregar os meios de comunicação social na cooperação para formação e difusão da reta opinião pública.

Nos meios de comunicação, deve-se levar em conta a solidariedade humana e impor moderação e disciplina à mídia. Todos têm o dever de informar e formar consciência esclarecida e devem primar pela divulgação da verdade, evitando a difamação.

As autoridades civis têm deveres especiais em razão do bem comum de proteger e defender a verdadeira e justa liberdade de informação. Com leis e com sua aplicação, devem evitar que se faça mau uso desses meios.

Recomenda-se que igualmente estabeleçam sanções contra a violação dos direitos da pessoa à reputação e ao segredo da vida privada. Devem dar informações oportunas que dizem respeito ao bem comum e que respondam às inquietações fundadas do povo.

A moral denuncia as atitudes de estados totalitários que falsificam sistematicamente a verdade e exercem uma dominação política da opinião mediante os meios de comunicação.

## 6. Verdade, beleza e arte sacra

A verdade e a beleza são expressões de Deus, cujos traços vemos na criação. Qualquer pessoa, apreciando a criação, descobre seu criador.

Criado à imagem de Deus, o homem expressa a verdade de sua relação com Deus pela beleza de suas obras. A arte é uma forma da expressão humana; ela é a expressão da riqueza interior do ser humano. Nascida do talento e do esforço do homem, a arte é uma forma de sabedoria prática que une conhecimento e perícia; tem razão quando é ordenada ao fim último que é Deus.

A arte sacra é ordenada para encaminhar os corações a Deus, que é verdade, beleza e amor, refletido nas imagens dos santos e nas obras artísticas.

*Artigo 9*
## O nono mandamento

"Não cobiçarás a casa de teu próximo, não desejarás sua mulher, nem seu servo, nem sua serva, nem seu boi, nem seu jumento, nem coisa alguma que pertença a teu próximo" (Êx 20,17).

"Todo aquele que olha para uma mulher com desejo libidinoso já cometeu adultério com ela em seu coração" (Mt 5,28).

Conforme a tradição catequética católica, o nono mandamento proíbe a concupiscência carnal; o décimo proíbe a concupiscência dos bens alheios.

Concupiscência pode designar qualquer forma veemente de desejo humano. Para a teologia cristã, tem o sentido particular de moção do apetite sensível que se opõe aos ditames da razão. Paulo qualifica como revolta que a carne provoca contra o espírito. Ela transtorna as faculdades morais e, sem ser pecado em si mesma, inclina o homem a cometê-lo. Há tensão entre corpo e espírito.

São João distingue três espécies de concupiscência: a da carne, a dos olhos e a soberba da vida.

# 1. A purificação do coração

O coração é a sede da personalidade moral. É do coração que procedem as más intenções, os assassínios, os adultérios etc. (Mt 15,19). A luta contra a concupiscência da carne passa pela purificação do coração e pela prática da temperança.

A sexta bem-aventurança fala dos puros de coração, que verão a Deus (Mt 5,8). O termo "puros de coração" designa os que entregaram o coração e a inteligência às exigências da santidade de Deus, principalmente no campo da caridade, da castidade ou retidão sexual, do amor à verdade.

A pureza de coração é condição para ver a Deus face a face. Permite, agora, ver nossos corpos e os dos outros como um templo do Espírito Santo, uma expressão da beleza divina.

# 2. A luta pela pureza

O batismo confere a quem o recebe a graça da purificação de todos os pecados. Mas o batizado tem de continuar a luta contra a concupiscência e as cobiças desordenadas até alcançar a pureza de coração:

– pela virtude e pelo dom da castidade, que permite amar de coração reto;
– pela pureza de intenção. O batizado deve procurar a vontade de Deus em tudo;
– pela pureza do olhar, exterior e interior;
– pela disciplina dos sentimentos e da imaginação;
– pela recusa de toda complacência nos pensamentos impuros;
– pela oração.

A pureza exige pudor, parte integrante da temperança. Consiste na recusa de mostrar aquilo que é a intimidade da pessoa e que deve ficar escondido.

O pudor orienta os olhares e os gestos em conformidade com a dignidade da pessoa humana. É modéstia que inspira até o modo de vestir, modera o falar, evita a curiosidade malsã. Ela se torna discrição.

Existe o pudor dos sentimentos e o do corpo. O pudor protesta contra a exploração do corpo humano em função de curiosidade doentia ou contra a solicitação dos meios de comunicação na revelação de confidências.

O pudor permite resistir às solicitações da moda e à pressão de ideologias dominantes.

As formas revestidas pelo pudor variam em cada cultura, mas permanece a consciência da dignidade da pessoa.

O primeiro caminho é ensinar o pudor às crianças e despertá-las para o respeito à pessoa humana.

A pureza cristã exige purificação do clima social. Exige informações que não ofendam o respeito e a modéstia. Ela liberta a pessoa do erotismo e afasta-a dos espetáculos que favorecem a ilusão e o voyeurismo.

A permissividade dos costumes se apóia na concepção errônea de liberdade humana. É preciso exigir dos responsáveis pela educação um ensino respeitoso da verdade, das qualidades do coração e da dignidade moral e espiritual do homem.

*Artigo 10*
## O décimo mandamento

"Não cobiçarás coisa alguma que pertença a teu próximo" (Êx 20,17).

"Tu não desejarás para ti a casa de teu próximo, nem seu campo, nem seu escravo, nem sua escrava, nem seu boi, nem seu jumento, qualquer coisa que pertença a teu próximo" (Dt 5,21).

O décimo mandamento completa o nono. Proíbe a cobiça dos bens dos outros, que é a raiz do roubo, da rapina, da fraude. Refere-se à intenção do coração.

## 1. A desordem do coração

O apetite sensível nos faz desejar coisas agradáveis: desejamos comer, desejamos aquecer-nos. Esses desejos bons, às vezes, não respeitam a medida da razão e nos levam a cobiçar o que não nos pertence.

Esse mandamento proíbe a avidez e o desejo de apropriação desmedida dos bens terrenos. Proíbe a cupidez nascida da paixão imoderada por riquezas e poder e o desejo de cometer uma injustiça que prejudique o próximo em seus bens temporais. Esse mandamento pede que afastemos nossos desejos de tudo aquilo que não é nosso.

Desejar coisas que pertencem ao próximo não viola o mandamento, se for por motivos justos.

A catequese previne os que mais devem lutar contra suas concupiscências:

— os comerciantes que aproveitam da carestia e dos preços excessivos;

— os que desejam que os outros fiquem na miséria para tirar lucro;

— os médicos que desejam que haja doentes;

— os legistas que desejam causas e processos numerosos.

Esse mandamento exige banir a inveja do coração humano, pois ela pode levar às piores ações. Ela é vício capital e é pecado mortal quando deseja um grande mal ao próximo.

## 2. Os desejos do espírito

A lei e a graça desviam o coração da ambição e da inveja e o iniciam no desejo do Sumo Bem. Os desejos do Espírito Santo saciam o coração humano.

Deus sempre advertiu o homem, desde o início, contra a sedução de tudo o que aparece como bem. Há um conflito entre a lei de Deus e a lei do pecado que existe em nosso corpo (Rm 7,23). Mas a justiça de Deus se manifestou em Jesus em favor de todos os que crêem, por isso, eles podem ser conduzidos pelo Espírito e seguem os desejos do Espírito.

## 3. A pobreza de coração

Jesus ordena aos discípulos que o prefiram a tudo e a todos e lhes propõe que renunciem aos bens por causa do Evangelho. O preceito do desprendimento das riquezas é obrigatório para se entrar no Reino dos Céus.

Todos devem orientar seus afetos para que não sejam impedidos de buscar a perfeição da caridade por causa dos apegos às riquezas e do uso das coisas mundanas.

As bem-aventuranças revelam uma ordem de felicidade, graça, beleza, paz (Mt 5,3). Jesus dá o exemplo, sendo pobre; queixa-se dos ricos, abandona-se nas mãos de Deus Pai e mostra que a confiança em Deus dispõe para a felicidade.

# 4. Quero ver a Deus

O desejo de felicidade liberta o homem do apego imoderado aos bens deste mundo, felicidade que se realizará na visão e na bem-aventurança de Deus. Na Escritura, ver Deus é possuir. Resta agora lutar, com a graça do Alto, para alcançar os bens que Deus promete. Por esse caminho somos chamados pelo Espírito à comunhão perfeita com Deus.

**Segunda parte**

# Oração cristã

## Apresentação

Com a "Oração cristã" terminamos de resumir e retraduzir o Catecismo da Igreja Católica. Esse não é um texto rico, como não o é no original, em que há muitas divagações que dão a impressão de um grande arrazoado teológico, tornando o texto de difícil intelecção.

Essa tentativa de simplificar olha a tarefa das catequistas empenhadas em transmitir uma doutrina unida a uma vivência. O texto não traz a riqueza de uma vida de oração que permita que a pessoa deslanche e faça uma experiência gratificante de Deus; ele fornece subsídios teológicos. Cabe a cada um se situar e, após se informar, começar a fazer o caminho da oração até chegar a uma experiência gratificante de Deus.

Há muitos santos que nos ensinaram na prática esse caminho. Olhem com carinho essa estrada, porque ela leva a um bom lugar.

## Introdução

Grande é o mistério da Fé. A Igreja professa as verdades do Símbolo dos Apóstolos e celebra sua vida e fé na Liturgia sacramental para que a vida dos fiéis seja conforme a vida de Cristo, segundo o Espírito e para a glória de Deus Pai.

Esse mistério exige que os fiéis creiam nele, o celebrem e vivam dele numa relação viva e pessoal com o Deus vivo. Essa relação é a oração.

## 1. O que é a oração?

Para Santa Teresa do Menino Jesus, oração é um impulso do coração, um simples olhar lançado ao céu, um grito de reconhecimento e amor no meio da provação ou na alegria.

## 2. Oração como dom de Deus

Para São João Damasceno, a oração é a elevação da alma a Deus ou o pedido a Deus dos bens convenientes.

A humildade é o fundamento da oração. Ela é a disposição para receber gratuitamente o dom da oração. O homem é um mendigo de Deus (Santo Agostinho).

Jesus disse: "Se conhecesses o dom de Deus..." (Jo 4,10). A maravilha da oração se revela à beira do poço (alusão à samaritana), onde vamos procurar água; é aí que Cristo vem ao encontro do coração humano. Ele é o primeiro a nos procurar. Jesus pede de beber e seu pedido vem das profundezas do Deus que nos deseja.

A oração é o encontro da sede de Deus com a nossa. Jesus quer que tenhamos sede de Deus: "És tu que lhe pediria de beber e Ele te daria a água viva" (Jo 4,10).

Parece um paradoxo, mas nossa oração de pedido é uma resposta de fé à promessa gratuita de salvação; é uma resposta de amor.

## 3. Oração como aliança

Qualquer que seja a linguagem da oração (gestos, palavras etc), é o homem todo que reza. Mas, para dizer de onde vem a oração, as Escrituras falam de alma ou espírito ou do coração. É o coração que reza. Se ele está longe de Deus, a oração é vã.

O coração é como a casa onde moramos, em que estamos. Ele é o centro escondido, inatingível pela razão ou por outra pessoa; só o Espírito pode sondá-lo e conhecê-lo. É o lugar da decisão no mais profundo de nossas tendências psíquicas, lugar da verdade, onde escolhemos a vida ou a morte. É o lugar do encontro, da Aliança.

A oração cristã é uma relação de Aliança, entre Deus e o homem, em Cristo. É a ação de Deus e do homem; brota do Espírito e de nós, totalmente dirigida ao Pai, em união com a vontade humana do Filho de Deus feito homem.

## 4. A oração como Comunhão

Na nova Aliança, a oração é a relação viva dos filhos de Deus com seu Pai infinitamente bom, com seu Filho Jesus e com o Espírito Santo. A graça do Reino é essa união com toda a Santíssima Trindade.

Nesse sentido, a vida de oração é estar na presença de Deus três vezes santo e em comunhão com Ele. Essa comunhão de vida é sempre possível, porque no batismo nos tornamos um ser com Cristo. A oração é cristã enquanto comunhão com Cristo e cresce na Igreja, que é seu corpo. Ela tem as dimensões do Amor de Cristo.

*Primeira seção*

# A ORAÇÃO NA VIDA CRISTÃ

## Capítulo I

# A REVELAÇÃO DA ORAÇÃO. VOCAÇÃO UNIVERSAL À ORAÇÃO

*O homem está à procura de Deus*: pela criação, Deus o chama do nada para a existência. O homem é capaz de reconhecer Deus. Mesmo tendo perdido a semelhança com Deus pelo pecado, o homem continua sendo feito à imagem de seu Criador. Ele conserva o desejo daquele que o chama para existir. Todas as religiões atestam essa procura essencial dos homens.

Ainda que o homem se afaste de Deus e lhe seja infiel, Deus é o primeiro a chamá-lo ao encontro misterioso da oração. Essa atitude do amor fiel de Deus vem em primeiro lugar na oração; a atitude do homem é sempre resposta a esse amor fiel.

À medida que Deus se revela e revela o homem a si mesmo, a oração aparece como um apelo dos dois lados, um drama de Aliança. Esse drama envolve o coração por meio de palavras e atos e se revela através da história da salvação.

*Artigo 1*
## No Antigo Testamento

A revelação da oração no Antigo Testamento se coloca entre a queda e a elevação do homem, entre o chamado doloroso de Deus a seus primeiros filhos – "Onde estás... O que fizeste?" (Gn 3,9.13) – e a resposta dada por Jesus ao entrar no mundo: "Eis-me aqui, eu vim, ó Deus, para fazer a tua vontade".

Dessa forma, ela está ligada à história dos homens, é a relação com Deus nos acontecimentos da história.

## 1. A criação – fonte da oração

É especialmente a partir da criação que se vive a oração. Os nove capítulos descrevem a relação com Deus como oferenda, no caso dos primogênitos do rebanho de Abel; como invocação do nome divino, no caso de Anos (Gn 4,26); como caminhada com Deus (Gn 5,24). Através da oferenda de Noé, Deus abençoa toda a criação, porque ele é agradável a Deus, é íntegro e caminha com Deus (Gn 6,9). Essa qualidade da oração é vivida por muita gente justa em todas as religiões.

Em sua Aliança com os seres vivos, Deus sempre convida os homens a orar. Mas, sobretudo, a partir de Abraão a oração é revelada por Deus no Antigo Testamento.

## 2. A promessa e a oração da fé

Assim que é chamado, Abraão parte "como lhe disse o Senhor" (Gn 12,4); seu coração se mostra submisso à Palavra, ele obedece.

A escuta do coração que se decide segundo Deus é essencial à oração; as palavras são relativas. A oração de Abraão se exprime primeiro por atos: como homem de silêncio, ele constrói, a cada etapa, um altar ao Senhor. Só mais tarde aparece a oração por palavras: uma queixa que lembra a Deus suas promessas, que parecem não se realizar (Gn 15,2-3). Desde o começo aparece o drama da oração: a provação da fé na fidelidade a Deus.

Abraão, tendo acreditado em Deus, caminhado na presença dele e em aliança com Ele, está disposto a acolher o misterioso hóspede em Mambré (Gn 18,1-15), intercede em favor dos homens com muita confiança (Gn 18,16-33) e se torna depositário das promessas obedecendo a Deus no sacrifício de seu filho (Hb 11,17; Gn 22,8). Assim se configurou ao Pai, que entregou seu Filho por todos nós.

No combate de Jacó com o ser misterioso, que o abençoa antes de o deixar, Deus renova a promessa. A tradição da Igreja guardou essa história como símbolo da oração como combate e vitória da perseverança (Gn 32,25-31).

## 3. Moisés e a oração do mediador

A oração de Moisés é figura da oração de intercessão. Também aqui Deus vem primeiro. É Ele quem chama Moisés do meio da sarça ardente (Êx 3,1-10). Esse acontecimento será sempre uma das figuras primordiais da oração cristã e judaica: "O Deus de Abraão, Isaac, Jacó, Ele que chamou Moisés, revela-se como Deus vivo que quer a vida dos homens e quer salvá-los".

Depois que Moisés conformou sua vontade com a de Deus, ele passa a ter uma intimidade com Deus a ponto de falar com Deus face a face (Êx 33,11). A oração de Moisés é típica da oração contemplativa.

Dessa intimidade com um Deus fiel e cheio de amor (Êx 34,6), Moisés tirou a força e a tenacidade de sua intercessão.

Moisés intercede, mesmo depois que o povo se afasta de Deus, argumentando que Deus é fiel e misericordioso e não pode abandonar seu povo.

## 4. Davi e a oração do rei

A oração do povo de Deus florescerá à sombra da Casa de Deus, da Arca da Aliança e, mais tarde, do Templo. São os guias do povo, os pastores que ensinarão o povo a rezar. Assim vemos Samuel (1Sm 12,23) e Eli (1Sm 3,9).

Davi é o pastor e o rei que ora por seu povo e em seu nome. Sua oração e seu arrependimento serão modelo da oração do povo (1Sm 7,18). Pela oração dos Salmos, Davi é o primeiro profeta da oração judaica e cristã.

## 5. Elias, os profetas e a conversão do coração

O Templo devia ser, para o povo de Deus, o lugar de sua formação para a oração. Eram caminhos da oração as peregrinações, as festas, os sacerdotes, a oferenda da tarde, o incenso, os pães da proposição; o ritualismo, no entanto, arrastava o povo para um culto exterior.

Os profetas tentam reconduzir o povo através da educação da fé, através da conversão do coração. Elias é o pai dos profetas. Ele aprende a misericórdia em seu retiro à margem da torrente do Carit; ensina à viúva de Sarepta o caminho da fé: por sua oração insistente Deus devolve a vida ao filho da viúva (1Rs 17,7-24). Atormentado, ele se esconde no rochedo até passar a presença misteriosa de Deus.

Os profetas encontram em Deus a força para sua missão. Sua oração não é uma fuga do mundo, mas uma escuta da Palavra de Deus, às vezes um debate, uma queixa, uma intercessão que aguarda e prepara a intervenção de Deus.

## 6. Os Salmos, oração da assembléia

Desde Davi até a vinda do Messias, os Livros Sagrados contêm textos de oração. Os Salmos foram, aos poucos, sendo reunidos numa coletânea de cinco livros. Eles exprimem e alimentam a oração do povo de Deus como assembléia nas grandes festas em Jerusalém e nas sinagogas. Essa oração é inseparavelmente pessoal e comunitária.

Os Salmos lembram os acontecimentos salvíficos do passado, recordam as promessas realizadas e agradecem aguardando o Messias. Rezados em Cristo, são sempre essenciais à oração de sua Igreja e são adequados aos homens de todos os tempos.

Nos Salmos, a Palavra de Deus se torna oração do homem; em outros lugares as Palavras proclamam as obras de Deus. Os Salmos são marcados pela simplicidade e pela espontaneidade da oração; são bênçãos pronunciadas pelo povo, louvor de Deus.

*Artigo 2*
## Na plenitude do tempo

A revelação plena da oração está em Jesus, o Verbo encarnado. Temos de nos aproximar do Senhor para contemplá-Lo, em primeiro lugar, e depois para ouvir como Ele nos ensina a orar, para conhecer como Ele atende nossas preces.

# 1. Jesus ora

Jesus, que se tornou homem Filho da Virgem Maria, aprendeu as fórmulas de oração com sua mãe. Aprendeu também através das palavras e dos ritmos de oração de seu povo nas sinagogas de Nazaré e no Templo. Mas sua oração brota também de uma fonte especial, como Ele mesmo disse: "Eu devo estar nas coisas de meu Pai" (Lc 2,49). Aqui começa a novidade da oração na plenitude do tempo: a oração filial.

O Evangelho de Lucas destaca a ação do Espírito Santo e o sentido da oração no ministério de Cristo. Jesus ora antes dos momentos decisivos de sua missão (Lc 3,21; 9,28; 22,41-44), antes de dar a missão aos apóstolos, antes de escolher os Doze (Lc 6,12; 9,18-20; 22,32).

A oração de Jesus antes das ações salvíficas é uma entrega, humilde e confiante, de sua vontade humana à vontade amorosa do Pai.

Os discípulos aprendem a orar olhando o Mestre (Lc 11,1). Jesus muitas vezes se retira na solidão da montanha, de preferência à noite. Às vezes, leva discípulos junto consigo. Ele faz a oferta contínua da humanidade ao Pai, compadece-se dos homens e procura livrá-los de suas fraquezas. Suas obras são manifestações de sua oração em segredo.

Os evangelistas conservam duas orações mais explícitas de Jesus durante seu ministério que começam com uma ação de graças. Uma em que Ele glorifica o Pai por ter revelado os mistérios do Reino aos pequeninos (Mt 11,25-27; Lc 10,21) e outra é referida por João (Jo 11,41-42) antes da ressurreição de Lázaro. Assim Jesus nos ensina como pedir sempre motivados pela ação de graças.

Ao chegar a hora de realizar o plano de amor do Pai, Jesus mostra a profundidade de sua oração filial: "Abba,. não seja feita a minha vontade, mas a tua" (Lc 22,42). Até o último momento, Jesus orou, fazendo a entrega total de si ao Pai (Lc 23,46).

Aqui Ele recolhe, nesse grito final, todos os pecados, todas as misérias da humanidade de todos os tempos, todos os pedidos e intercessões. O Pai os acolhe, ouve-os, ressuscitando seu Filho (Hb 5,7-9).

## 2. Jesus ensina a orar

Ao orar, Jesus nos ensina a orar. O caminho de nossa oração é a sua oração ao Pai. Jesus fala do Pai às multidões que o seguem, abre-lhes em parábolas a novidade do Reino e, enfim, fala abertamente do Pai e do Espírito Santo a seus discípulos, que deverão também ensinar aos outros o caminho da oração.

No Sermão da Montanha, Jesus insiste na conversão do coração: a reconciliação com o irmão antes de apresentar a oferenda no altar (Mt 5,23), o amor aos inimigos e a oração pelos perseguidores, a oração ao Pai em segredo (Mt 6,6), a não-multiplicação de palavras (Mt 6,7), o perdão do fundo do coração e a busca do Reino (Mt 6,21ss.). É uma conversão orientada ao Pai.

Assim o coração arrependido aprende a orar na fé, essa adesão filial a Deus acima do que sentimos e aprendemos. A porta será aberta se batermos, porque Jesus tornou possível para quem crê (Mc 9,23) – assim vemos no caso do centurião romano e da Cananéia (Mt 8,10; 15,28).

A oração da fé não consiste apenas em dizer: "Senhor, Senhor", mas em levar o coração a fazer a vontade do Pai (Mt 7,21; 9,38).

Em Jesus o Reino está próximo; Ele convoca para a fé, para a conversão, mas também para a vigilância. A oração dos discípulos é um combate, e é vigiando na prece que não se cai em tentação (Lc 22,40.46).

Devemos aprender lendo as três parábolas sobre a oração que Jesus nos deixou: o amigo importuno (Lc 11,5-13); a viúva importuna (Lc 18,1-8); o fariseu e o publicano (Lc 18,9-14).

Ao confiar a seus discípulos o mistério da oração ao Pai, Jesus revela-lhes que devem rezar em seu nome (Jo 14,13). A fé leva ao conhecimento do Pai e produz frutos no amor. A certeza de sermos ouvidos se fundamenta na oração de Jesus (Jo 14,13). Jesus pediu ao Pai o Paráclito; Ele rezará conosco, pois permanecerá conosco para sempre (Jo 14,16).

## 3. Jesus ouve a oração

Jesus ouve a oração feita com fé expressa em palavras (o leproso, Jairo, a cananéia, o bom ladrão) ou no silêncio (os carregadores do paralítico, a hemorroissa que toca suas vestes, as lágrimas e o perfume da pecadora). A oração dos cegos entrou na tradição da oração da Igreja: "Jesus, Filho de Davi, tem compaixão de mim" (Mt 9,27; 10,47).

## 4. A oração da Virgem Maria

A oração de Maria na Encarnação do Filho de Deus é a oferta generosa de seu ser na fé: "Eis a serva do Senhor, faça-se em mim segundo tua palavra". Este é o modelo da oração cristã.

Maria intercede em Caná (Jo 2,1-12); é a mãe que pede a seu Filho pelas necessidades dos outros. Ao pé da cruz, ela mantém uma atitude orante (Jo 19,25-27).

Ela é imagem da Igreja, mãe de todos, que no cântico "Magnificat" enche os corações dos pobres de esperança, porque Deus os libertará.

*Artigo 3*
# No tempo da Igreja

No dia de Pentecostes, o Espírito Santo foi derramado sobre os discípulos "reunidos no mesmo lugar" (At 2,1), esperando-o, "todos unânimes, perseverando na oração" (At 1,14). Esse Espírito, que ensina a Igreja e lhe recorda tudo o que Jesus ensinou, vai também formá-la para a vida de oração.

Na primeira comunidade de Jerusalém, os fiéis se mostravam "assíduos ao ensinamento dos apóstolos, à comunhão fraterna, à fração do pão e às orações" (At 2,42). A Igreja continua na fé apostólica, vivendo na caridade e alimentada pela Eucaristia.

Os fiéis se inspiram nas Escrituras em suas orações e, levados pelo Espírito, descobrem novas formulações que expressem o mistério insondável de Cristo atuando nos sacramentos e na missão da Igreja. Elas vão se desenvolver nas grandes tradições litúrgicas e espirituais. As formas de oração, como é revelado nas Escrituras, são sempre normativas.

## 1. A bênção e a adoração

A bênção é o encontro de Deus e do homem, em que o dom de Deus e a acolhida do homem se chamam e se unem. A oração da bênção é a resposta do homem aos dons de Deus. Uma vez que Deus abençoa, o coração do homem pode bendizer aquele que é a fonte da bênção.

A bênção tem dois movimentos. Ora ela sobe, levada por Cristo no Espírito Santo ao Pai, ora, como graça implorada do Espírito Santo, por Cristo, desce de junto do Pai. Ele nos abençoa.

A adoração é a primeira atitude do homem que se reconhece criatura diante de seu Criador. Exalta a grandeza de Deus e a onipotência do Salvador, que nos liberta do mal. É o reconhecimento da santidade de Deus.

## 2. A oração de súplica

Suplicar, no Novo Testamento tem muitos sentidos: pedir, implorar, suplicar com insistência, invocar, clamar, gritar. Sua forma mais habitual é o pedido, através do qual manifestamos, os a consciência de nossa relação com Deus como criaturas. O pedido é uma volta para Deus.

O pedido de perdão é o primeiro movimento da oração de súplica (Lc 18,13: o publicano). Pedir piedade é a condição prévia de uma oração justa e pura; é também condição prévia da liturgia eucarística e da oração pessoal.

A súplica cristã é orientada pela procura e o pelo desejo do Reino. De acordo com o que Jesus ensinou, há uma hierarquia nos pedidos: o Reino vem primeiro lugar, depois pedimos o que é necessário para acolhê-lo e cooperar com sua vinda. Depois disso, tudo pode ser objeto de súplica.

## 3. A oração de intercessão

A intercessão é uma oração de pedido que nos conforma de perto com a oração de Jesus. Na verdade, Ele é o único intercessor junto do Pai (1Tm 2,5-8).

Interceder, pedir em favor de outro, é próprio de um coração que está em consonância com a misericórdia de Deus. A intercessão cristã participa da oração de Jesus e é expressão da comunhão dos santos.

Na intercessão não se pensa em si, mas se ora pelo outro, seja quem for. Essa forma de oração foi muito vivenciada nas primeiras comunidades cristãs. A intercessão não tem limites e fronteiras.

## 4. A oração de ação de graças

A ação de graças é a oração característica da Igreja, que através da Eucaristia manifesta-se e torna-se aquilo que ela é. Através da Igreja, participamos da ação de graças do Cristo.

Como na oração de súplica, tudo pode tornar-se oferenda de ação de graças. Paulo começa e termina as cartas por uma ação de graças e nos diz: "Por tudo dai graças, pois esta é a vontade de Deus a vosso respeito, em Cristo Jesus" (1Ts 5,18). "Perseverai na oração, vigilantes, com ação de graças" (Cl 4,2).

## 5. A oração de louvor

O louvor é uma forma de oração que reconhece que Deus é Deus. Canta-o e dá-lhe glória pelo que Ele é. O louvor integra outras formas de oração. É rezar admirando as maravilhas da criação, as realizadas por Cristo, as ações do Espírito Santo.

A eucaristia contém e exprime todas as formas de oração. É oferenda, é sacrifício de louvor. A oração de louvor, totalmente desinteressada, dirige-se a Deus.

# Capítulo II

## A TRADIÇÃO DA ORAÇÃO

Para rezar, é preciso querer; não se reduz a oração a um surgir espontâneo. Não basta também saber o que as Escrituras ensinam sobre a oração. E rezar se aprende. É por uma transmissão viva que o Espírito Santo, na Igreja, ensina os filhos de Deus a rezar.

A tradição cristã é uma das formas de crescimento da Tradição de fé, principalmente pela contemplação – pelo estudo dos fiéis, que sempre guardam no coração os acontecimentos salvíficos – e pela penetração profunda das realidades espirituais que experimentam.

*Artigo 1*
### Nas fontes da oração

O Espírito Santo é a "água viva" que, no coração orante, "jorra para a Vida eterna". Ele nos leva a beber dessa água na própria fonte: Cristo. Há, na vida cristã, muitas fontes de oração.

### 1. A Palavra de Deus

A Igreja exorta para que aprendamos pela leitura freqüente das Escrituras a ciência de Jesus Cristo. Mas não deve ser uma simples leitura. Deve ser uma leitura orante, em que se estabelece um colóquio com Deus.

## 2. A liturgia da Igreja

Na liturgia sacramental da Igreja se anuncia, atualiza e comunica o Mistério da salvação. Essa missão de Jesus e do Espírito Santo se prolonga no coração de quem reza.

A oração interioriza e assimila a Liturgia durante e após sua celebração. Mesmo em segredo, a oração será sempre oração da Igreja.

## 3. As virtudes teologais

Entramos na oração pela porta da *fé*. Pelos sinais de sua presença, procuramos e desejamos Deus, e é sua Palavra que queremos ouvir.

O Espírito Santo nos ensina a celebrar a liturgia na expectativa da vinda de Cristo, nos educa a orar na *esperança*. Essa esperança é realimentada pela oração pessoal e pela oração da Igreja. Temos esperança, porque sabemos que o amor de Deus foi derramado em nossos corações pelo Espírito Santo que nos foi dado (Rm 5,5).

A oração, formada pela vida litúrgica, tira tudo do *amor com que fomos amados em Cristo*. Percebendo que fomos amados, podemos responder amando como Deus nos amou. O amor é a fonte da oração.

### *"Hoje"*

Aprendemos a rezar, em certos momentos, ouvindo a Palavra do Senhor e participando da eucaristia. Mas é nos acontecimentos de cada dia que seu Espírito nos é oferecido para fazer brotar em nós a oração.

Aprendemos com Jesus a rezar confiando na Providência. O tempo está nas mãos do Pai; no presente é que nós o encontramos.

Orar nos acontecimentos de cada dia e a cada instante é um dos segredos do Reino revelado "aos pequeninos", aos pobres das bem-aventuranças. É justo rezar para que a vinda do Reino de justiça e de paz influencie no rumo da história. Temos, contudo, que influenciar o cotidiano pela nossa oração, que é fermento de transformação.

*Artigo 2*
## O caminho da oração

Na tradição viva da oração, cada Igreja apresenta aos fiéis a linguagem de sua oração de acordo com o contexto histórico, social e cultural: palavras, melodias, gestos, iconografia. Cabe ao magistério da Igreja perceber onde há fidelidade à tradição apostólica nos caminhos da oração. Compete aos pastores e aos catequistas explicar o sentido da oração.

## 1. A oração ao Pai

O único caminho da oração cristã é Cristo, seja essa oração pessoal ou comunitária, vocal ou interior. Só chegaremos ao Pai se rezarmos em "nome de Jesus". Ele é o caminho pelo qual o Espírito nos conduz na oração ao Pai.

## 2. A oração a Jesus

A oração da Igreja, alimentada pela Palavra de Deus, e a celebração litúrgica nos ensinam a rezar ao Senhor Jesus. Ainda que dirigidas ao Pai, incluem formas de oração dirigidas a Jesus.

O nome de Jesus contém tudo: Deus, o homem e toda a economia da criação e da salvação. Jesus é o Ressuscitado e todo aquele que invoca esse nome acolhe o Filho de Deus. A invocação do nome de Jesus é o caminho mais simples da oração contínua.

### *"Vinde, Espírito Santo"*

Ninguém pode dizer: "Jesus é o Senhor" a não ser movido pelo Espírito Santo (1Cor 12,3). Todas as vezes que rezamos a Jesus, o Espírito Santo que, por sua graça, atrai-nos ao caminho da oração. Por isso, a Igreja nos ensina a pedir sempre o Espírito Santo e rezar a Ele, sobretudo no início e no fim de uma ação importante. Ele é o mestre interior da oração cristã.

Existem tantos caminhos da oração quantas são as pessoas que oram. Cada um experimenta um caminho. O Espírito atua em todos e em cada um. Na comunhão do Espírito Santo, a oração cristã se torna oração da Igreja.

### 3. Em comunhão com a Santa Mãe de Deus

Na oração, o Espírito Santo nos une à Pessoa do Filho em sua humanidade glorificada. Por Jesus nossa oração filial entra em comunhão, na Igreja, com a Mãe de Deus. A partir do consentimento dado na Anunciação e mantido sob a cruz, a maternidade de Maria se estende a todos. Ela se torna transparência de Jesus. Ela reza com a Igreja.

Nos diversos hinos litúrgicos, a Igreja exalta o Senhor pelas maravilhas feitas à sua serva e confia à Mãe de Jesus as súplicas e os louvores dos filhos de Deus.

Maria nos leva a Deus e nos traz Deus. Esse duplo movimento da oração a Maria está bem expresso na "Ave Maria".

"Ave, Maria". É a saudação do anjo que abre a oração. Ela é cheia de graça, porque o Senhor está com ela. É a presença daquele que é a fonte da graça. Daí alguns títulos de Maria: filha de Sion, Arca da Aliança, o lugar onde reside a glória de Deus, morada de Deus entre os homens (Ap 21,3).

Depois da saudação do anjo, tomamos as palavras de sua prima Isabel: "Bendita sois vós entre as mulheres e bendito é o fruto do vosso ventre, Jesus". Ela é bem-aventurada (Lc 1,48). Ela é bendita porque acreditou (Lc 1,45) na realização da palavra do Senhor. Como Abraão, ela se torna bênção para todas as gerações (Gn 12,3). Por sua fé, Maria se tornou mãe dos que crêem trazendo Jesus a todas as nações.

"Santa Maria, Mãe de Deus". Pedimos que rogue por nós e nos visite (Lc 1,43). Porque nos dá Jesus, Maria é nossa mãe; podemos confiar a ela nossos problemas e necessidades; ela reza por nós para que aprendamos a nos entregar à Vontade de Deus.

"Rogai por nós, pecadores, agora e na hora de nossa morte." Nós nos reconhecemos pecadores, por isso precisamos que Ele reze por nós. Entregamos a ela, hoje, nossas vidas até o final. Que ela nos acolha e nos conduza a Jesus.

A piedade medieval desenvolveu a devoção do Rosário como uma alternativa popular à Oração das Horas E em cada tradição das Igrejas criou-se um modo particular de invocar a Maria.

Maria é a figura da Igreja orante. Quando rezamos a ela, com ela aderimos ao plano do Pai, que envia seu Filho para salvar a todos. Rezamos a ela e com ela.

*Artigo 3*
## Guias para a oração

## 1. Uma nuvem de testemunhas

Há uma multidão de santos que nos precederam no Reino (Hb 12,1); eles participaram da tradição viva da oração por seu exemplo, por seus escritos e por sua oração. Eles estão diante de Deus no louvor perene e em comunhão com toda a Igreja, intercedendo por nós.

Eles desenvolveram diferentes espiritualidades. O carisma pessoal de um santo pode ser transmitido e pode ser seguido por alguém. Há espiritualidades de acordo com as correntes teológicas e litúrgicas e com as situações culturais. Elas participam da tradição viva da oração e são guias em sua rica diversidade para os fiéis.

## 2. Servidores na oração

A família cristã é o primeiro lugar da educação para a oração. Fundada no sacramento do Matrimônio, ela é a Igreja doméstica, onde os filhos de Deus aprendem a orar e a perseverar na oração. Para as crianças, a oração familiar é a primeira testemunha da lembrança da Igreja reavivada pelo Espírito.

Os ministros ordenados são responsáveis pela formação de seus irmãos para a oração. São ordenados para guiar o povo de Deus às fontes da oração: a Palavra, a Liturgia, a vida teologal, a vida com Deus em cada situação.

Os religiosos consagram sua vida à oração. A vida consagrada não se mantém e não se propaga sem a oração. Esta é uma das fontes da contemplação e da vida espiritual da Igreja.

A catequese das crianças, jovens e adultos deve fazer com que a Palavra de Deus seja meditada na oração pessoal, atualizada na liturgia e interiorizada em todo tempo. É também o momento em que a piedade popular pode ser educada e centralizada.

A memorização de orações pode ajudar na vida de oração, mas é preciso ensinar a saboreá-las.

Os grupos e as escolas de oração são hoje sinais e molas da renovação da oração na Igreja. Mas devem beber das fontes autênticas da oração cristã e estar em comunhão com a verdadeira oração na Igreja, da qual são sinal.

O Espírito Santo dá a certos fiéis os dons da sabedoria, da fé e do discernimento em vista do bem comum, que é a oração. Quem tem esses dons é servidor da tradição viva da oração. Entre eles estão os diretores espirituais, guias experientes na oração.

## 3. Lugares favoráveis à oração

A Igreja, casa de Deus, é o lugar próprio para a oração litúrgica da comunidade paroquial. É o lugar da adoração da presença real de Jesus.

A escolha de um lugar para orar é importante. Podemos escolher um lugar:

– para a oração pessoal (um recanto, um oratório para oração na família);

– nas regiões onde há mosteiros, onde se favorece a oração das Horas e se permite a solidão necessária a uma oração pessoal mais intensa;

– para peregrinações, evocando nossa caminhada para Deus, em tempos fortes de renovação da oração. Os santuários são lugares excepcionais para se viver uma experiência de oração.

# Capítulo III

# A VIDA DE ORAÇÃO

A oração é a vida do coração novo e deve animar-nos a cada momento. Por isso, os Padres espirituais, na tradição do Pentateuco e dos profetas, insistem na oração como "recordação de Deus", como um despertar freqüente da "memória do coração".

Devemos orar sempre e, como não é possível rezar a todo momento, rezamos nos tempos fortes, em determinados momentos com mais intensidade e duração.

A Tradição da Igreja propõe ritmos de oração para alimentar uma oração contínua: oração da manhã, da tarde, da noite, antes e depois das refeições; a liturgia das Horas, o domingo centrado na Eucaristia; o ciclo litúrgico e as grandes festas.

O Senhor conduz cada um pelos caminhos que lhe agradam e cada um responde a Deus na medida da generosidade de seu coração.

A tradição cristã conservou três expressões de vida de oração: oração vocal, oração contemplativa e meditação. A característica comum a todas é o recolhimento do coração, que leva a permanecer na presença do Senhor. Esse permanecer na presença do Senhor faz dessas expressões tempos fortes da vida de oração.

*Artigo 1*
## As expressões da oração

## 1. Oração vocal

Deus fala aos homens por sua palavra. É por palavras mentais ou vocais que nossa oração cresce. Mas ela não depende da quantidade de palavras, depende, porém, da presença do coração naquilo que falamos.

A oração vocal é indispensável na vida cristã. Aos discípulos Jesus ensinou o "Pai-Nosso". Jesus não só rezou as orações litúrgicas na sinagoga, mas rezou com clamores, em voz alta (Mc 14,36).

Temos necessidade de expressar nosso interior pela oração vocal, afinal, somos corpo e espírito. Temos necessidade de traduzir nossos sentimentos, assim rezamos com todo o nosso ser.

Sendo exterior e plenamente humana, a oração vocal é a expressão das multidões. A oração interior não pode desprezar a exterior, pois, à medida que tomamos consciência do que falamos, também interiorizamos essas palavras, de modo que a oração vocal é a primeira forma da oração contemplativa.

## 2. Meditação

A meditação é, sobretudo, uma procura. O espírito procura compreender o "porquê" e o "como" da vida cristã para poder responder ao Senhor. É indispensável uma atenção disciplinada.

Geralmente se usa um livro, do qual se tira uma leitura e sobre a qual se fazem a reflexão e os afetos (atos de fé, amor, arrependimento etc.). Podem ser textos bíblicos, textos litúrgicos do dia, obras de espiritualidade, o grande livro da natureza, o da vida.

Os métodos de meditação são tão diversos quantos são os mestres. O método é apenas um guia. Todo cristão tem de meditar sempre.

A meditação move a inteligência, a imaginação, a emoção e o desejo. Ela aprofunda a fé, leva à conversão do coração, fortalece a vontade de seguir Jesus e nos dará certamente o conhecimento do amor de Jesus e a união com Ele.

## 3. A oração mental

Santa Teresa disse que a oração mental é o relacionamento intenso de amizade com Deus, em que conversamos, muitas vezes a sós, com Ele, por quem nos sentimos amados. É a busca daquele que o coração ama. É Jesus e, nele, o Pai.

O tempo e a duração da oração mental dependem da vontade do coração, lugar da busca e do encontro, na pobreza e na fé. Não fazemos oração mental quando temos tempo, mas reservamos um tempo para rezar, mesmo que haja aridez e provações nesses encontros. Nem sempre se pode meditar, mas sempre se pode estar em oração.

Entrar em oração é similar ao que acontece na Eucaristia, é reunir o coração, recolher todo o nosso ser sob a moção do Espírito Santo, para entrar na presença de Deus, que nos ama e nos espera. Deixamos cair todas as nossas máscaras e nos voltamos para nos entregar a Deus, para que Ele nos purifique e transforme

Orar é acolher com o amor com que se é amado e responder amando mais ainda. É entrega humilde e pobre à vontade amorosa de Deus. É um dom, uma graça. A oração é uma relação de aliança estabelecida por Deus no fundo de nosso ser. É comunhão na Trindade.

A oração mental é um tempo forte da prece. Deus nos fortalece para que Cristo habite em nossos corações (Ef 3,16).

A oração mental é escuta da Palavra de Deus. Essa escuta é obediência e adesão amorosa.

A oração mental é silêncio. O silêncio é como gravetos que alimentam o fogo do amor. É nesse silêncio, insuportável ao homem exterior, que o Pai nos diz sua Palavra eterna (Jesus) e o Espírito nos faz participar da oração de Jesus. É união à prece de Cristo, na medida em que participamos de seu mistério. É comunhão de amor portadora de vida.

A contemplação é olhar de fé fixo em Jesus: "Ele olha para mim e eu olho para Ele". É atenção a Ele e renúncia a si. A luz de Jesus purifica nosso coração e nos faz ver tudo na luz de sua verdade e de sua bondade e compaixão pelos homens. Ela nos pode dar o conhecimento pleno e íntimo do Senhor para mais o amarmos.

*Artigo 2*
## O combate da oração

A oração é uma graça que Deus nos dá e uma resposta generosa que damos a Deus. Exige de nós um esforço. Os grandes orantes da Antiga Aliança, Nossa Senhora e os santos nos ensinam que a oração é um combate contra nós mesmos e contra as tentações que querem desviar o homem da união com Deus.

Reza-se como se vive e vive-se como se reza. A vida do cristão é inseparável do combate da oração. Não se constrói uma vida espiritual sem oração.

## 1. As objeções à oração

Nessa luta pela oração devemos enfrentar, em nós e ao nosso redor, concepções errôneas da oração. Alguns acham que se trata de simples operação psicológica; outros falam que se trata de um esforço para se chegar a um vazio mental; que são codificações de atitudes e palavras rituais. No inconsciente de muitos, rezar é uma ocupação incompatível com tudo o que eles devem fazer; falta tempo. Há os que desanimam depressa, porque esquecem que a oração procede do Espírito Santo e não apenas deles.

Devemos também enfrentar mentalidades desse mundo, que nos contaminam se não formos vigilantes. Alguns dizem que só é verdadeiro aquilo que pode ser verificado, que a oração é um mistério que nos ultrapassa. Outros afirmam que hoje interessam a produção e o rendimento, que a oração é improdutiva, por isso inútil. Outros dizem que a oração é uma fuga da realidade. E assim aparecem muitas mentalidades e opiniões.

Devemos também enfrentar o que sentimos com nossos fracassos na oração: desânimo diante da aridez, decepção por não sermos atendidos.

## 2. A humilde vigilância do coração

### *Diante das dificuldades da oração*

A dificuldade comum de nossa oração é a distração. Uma distração pode revelar aquilo em que estamos amarrados. Temos de nos purificar. É um combate na escolha do Senhor, e o combate é nossa vigilância e nossa sobriedade de coração.

Outra dificuldade é a aridez. Essa acontece quando o coração está desanimado, sem gosto em relação a pensamentos, lembranças e sentimentos, mesmo espirituais. Mas é o momento de fé pura que se mantém fielmente com Jesus na agonia e no túmulo (Jo 12,24: Se o grão de trigo morrer, vai produzir muito fruto). Se a aridez nasce da falta de raiz, o caminho é a conversão (Lc 8,6-13).

### *Diante das tentações na oração*

A tentação mais comum e oculta é a falta de fé. Quando começamos a rezar, muitas coisas se apresentam como prioritárias. É o momento da verdade do coração e do amor preferencial.

Outra tentação, cuja porta é aberta pela presunção, é a acídia (também chamada preguiça). Os Padres espirituais entendem como uma forma de depressão oriunda do relaxamento da ascese, da diminuição da vigilância e da negligência do coração (Mt 26,41). A carne é fraca.

O desânimo doloroso é o inverso da presunção. Quanto mais alto se sobe, maior é a queda. Quem é humilde não se surpreende com sua miséria, mas se entrega, confiante, ao caminho da perseverança na oração.

## 3. A confiança filial

A confiança filial se experimenta na tribulação. A dificuldade está na intercessão, a oração de súplica por si ou pelos outros. Alguns até deixam de rezar porque acham que seus pedidos não foram ouvidos.

### *Por que lamentarmos por não sermos atendidos?*

Quando louvamos a Deus ou agradecemos pelos benefícios recebidos, não nos preocupamos se nossa oração é agradável. Em compensação, quando pedimos, queremos ver o resultado. Qual é a imagem de Deus que nos motiva para a oração? O Evangelho nos convida a nos interrogarmos sobre a conformidade de nossa oração com o desejo do Espírito.

*De que maneira é eficaz nossa oração?*

A fé se apóia na ação de Deus na história. Ele nos dá a graça de rezar. É seu Espírito que reza em nós (Rm 8,26-39). Nossa oração tem de ser fundada no amor que Deus tem por nós e na ação do Espírito Santo. Temos de procurar as coisas que são de Deus. Jesus é o modelo de oração e nos ensina a rezar pedindo a paixão por seu Reino, o cumprimento da vontade do Pai e a libertação do mal.

Nossa oração é eficaz se estivermos unidos à oração de Jesus na confiança e na audácia filial; assim, obteremos tudo o que pedirmos em seu nome; mais que pequenos favores, receberemos o Espírito Santo, que possui todos os dons.

## 4. Perseverar no amor

"Orai sem cessar" (1Ts 5,17), sempre e por tudo, dando graças a Deus Pai em nome de Nosso Senhor Jesus Cristo (Ef 5,20).

É preciso um ardor incansável que provém do amor. Esse amor abre nossos corações para três evidências:

– Orar é sempre possível. Deus está conosco sempre (Mt 28,20). Rezemos em qualquer lugar e de qualquer jeito.

– Orar é uma necessidade vital. Se não nos deixarmos levar pelo Espírito, cairemos na escravidão do pecado (Gl 5,16-25). A oração torna possível até o impossível. Quem reza se salva.

– Oração e vida cristãs são inseparáveis, pois se trata do mesmo amor, da mesma conformidade filial e amorosa ao plano de amor do Pai.

# 5. Liturgia da Hora de Jesus

Quando chega sua hora, Jesus ora ao Pai (Jo 17). Sua oração, a mais longa que o Evangelho traz, abarca toda a economia da criação e da salvação. A tradição chama de "oração sacerdotal de Jesus". É a oração do Sumo Sacerdote, inseparável de seu sacrifício, de sua passagem para o Pai, em queJesus é "consagrado" inteiramente ao Pai.

Nessa oração tudo é recapitulado nele. A oração de Jesus enche os últimos tempos e os leva até a consumação. Jesus, a quem o Pai deu tudo, torna-se Senhor, nosso Sumo Sacerdote, aquele que ora em nós e é o Deus que nos escuta.

Sua oração tem o mesmo esquema do Pai Nosso: a solicitude com o nome de Deus, a paixão pelo seu Reino, o cumprimento de sua vontade e de seu plano de salvação, a libertação do mal.

É nessa oração que Jesus se revela e nos dá o conhecimento indissociável do Pai e do Filho, que é o próprio mistério da vida de oração: conhecer o Pai e aquele a quem Ele se revelou.

*Segunda seção*

## A ORAÇÃO DO SENHOR

### Capítulo I

# Pai-Nosso

Em um dos vários momentos em que Jesus rezava, seus discípulos lhe pediram que os ensinasse a rezar, e Jesus recitou para eles a oração do "Pai Nosso". São Lucas traz um texto com cinco pedidos (Lc 11,2-4). São Mateus traz uma versão com sete pedidos (Mt 6,9-13). A tradição litúrgica da Igreja conservou o texto de Mateus:

Pai nosso, que estais nos céus,
santificado seja o vosso nome;
venha a nós o vosso reino;
seja feita a vossa vontade,
assim na terra como no céu.
O pão nosso de cada dia nos dai hoje;
perdoai-nos as nossas ofensas,
assim como nós perdoamos a quem nos tem ofendido;
e não nos deixeis cair em tentação,
mas livrai-nos do mal.

*Artigo 1*
# O resumo de todo o Evangelho

A oração dominical é realmente o resumo de todo o evangelho. Depois disso, Jesus acrescentou: "Pedi e vos será dado" (Jo 16,24). Cada um pode pedir de acordo com suas necessidades, mas começando sempre pelo esquema da oração do Senhor.

## 1. No centro das Escrituras

O Pai-Nosso está no centro das Escrituras. Segundo Santo Agostinho, tudo está incluído nessa oração.

As Escrituras se realizam em Cristo. O Evangelho é essa Boa Nova. Seu primeiro anúncio é o Sermão da Montanha (Mt 5-7), e a oração do Pai-Nosso está no centro desse anúncio. Esse é o contexto que ilumina cada pedido dessa oração que o Senhor nos deixou.

## 2. A oração do Senhor

A tradicional expressão "Oração do Senhor" (oração dominical) diz que essa oração nos é dada por Jesus. Ele é o mestre de nossas orações e a "Oração do Senhor" é o modelo de nossas orações.

Não é uma fórmula para ser repetida maquinalmente; devemos rezá-la com o coração, pois Jesus nos dá seu Espírito, pelo qual as palavras se tornam, em nós, "espírito e vida".

## 3. A oração da Igreja

As primeiras comunidades rezavam três vezes ao dia a Oração do Senhor, em lugar das dezoito bênçãos em uso na piedade judaica (*Didaché*, 8,3).

Segundo a Tradição, ela faz parte da oração litúrgica das grandes Horas do Ofício divino.

Mas é sobretudo nos três sacramentos da iniciação cristã que aparece seu caráter eclesial: no batismo e na Confirmação, os batizandos aprendem a invocar seu Pai; são filhos pelo novo nascimento e são marcados pelo selo do Espírito Santo.

Na liturgia eucarística, a Oração do Senhor aparece como a oração de toda a Igreja. Situada entre a Oração Eucarística e a comunhão, ela recapitula os nossos pedidos e as intercessões feitas e leva ao banquete do Reino.

Na Eucaristia, a Oração do Senhor manifesta também o caráter escatológico de seus pedidos: o desejo de que o Reino aconteça e a esperança da manifestação do que nós seremos (1Jo 3,2). A Eucaristia e o Pai-Nosso apontam para a vinda do Senhor.

*Artigo 2*
## "Pai nosso, que estais nos céus"

## 1. Ousar aproximar-nos com toda a confiança

Na liturgia, a comunidade é convidada a rezar o Pai-Nosso com ousadia filial. Apesar de nossa indignidade, é preciso ter confiança filial e ousar aproximar-se com segurança e humildade.

O limiar da santidade de Deus só Jesus poderia transpor. Ele, após nos purificar de nossos pecados, introduz-nos diante da face do Pai. Temos a certeza de sermos amados; podemos entrar com segurança, com simplicidade, sem rodeios e com humildade.

Essa força do Espírito, que nos introduz na Oração do Senhor, traduz-se nas liturgias do oriente e do ocidente pelas expressões: simplicidade sem rodeios, confiança filial, segurança, audácia humilde, certeza de ser amado.

## 2. O Pai

Antes de fazer nossa primeira invocação da Oração do Senhor, precisamos purificar-nos humildemente das imagens falsas. Só podemos chegar ao Pai através do Filho (Mt 11,27) e se o Filho quiser chamar-nos.

Temos de nos purificar das imagens humanas, paternas ou maternas, nascidas de nossa história pessoal e cultural, que exercem grande influência em nossa relação com Deus. Deus está fora de nosso modo de conceber pessoas e coisas, como fazemos com o mundo criado. Orar ao Pai é entrar no seu mistério.

Essa expressão, "Deus Pai", não foi revelada nem a Moisés, quando perguntou quem Deus era. Foi Jesus quem nos revelou essa expressão, porque foi só a Ele que Deus se revelou assim.

Não conseguimos imaginar a relação de Jesus com o Pai. Nós cremos e dela participamos através de Jesus. Por isso, quando rezamos ao Pai, estamos em comunhão com Ele e com seu Filho Jesus.

A primeira palavra dessa oração é uma benção de adoração e não simplesmente uma súplica, pois, reconhecendo Deus como Pai, nós damos a Ele a glória. Agradecemos porque Ele nos revelou seu nome e nos deu a graça de crermos nele e de sermos habitados por sua presença.

Ele nos deu a graça da adoção filial: nós nos tornamos filhos em seu Filho Jesus. Esse dom exige de nós a conversão.

Rezar o Pai-Nosso deve desenvolver em nós o desejo e a vontade de nos assemelharmos a Ele e de termos um coração confiante e humilde que nos leve a sermos como crianças (Mt 18,3). É aos pequeninos que Deus se revela (Mt 11,25).

## 3. Pai "Nosso"

Esse "nosso" não se refere a uma posse de Deus, mas a uma nova relação com Deus. Quando dizemos "Pai Nosso", reconhecemos que Ele cumpriu em Jesus todas as promessas feitas e anunciadas pelos profetas. Nós somos seu povo e Ele é nosso Deus. Há agora uma pertença mútua dada gratuitamente, à qual devemos responder com amor.

Quando rezamos o Pai-Nosso, confessamos nossa fé na Trindade; adoramos o Pai, o Filho e o Espírito Santo. Não dividimos a divindade, o Pai é a fonte e origem dela, mas confessamos que o Filho é gerado eternamente por Ele e que dele procede o Espírito Santo.

Gramaticalmente, "nosso" indica uma realidade comum a vários. Deus é o Pai que é reconhecido por todos os que, mediante a fé em Jesus, renasceram dele pela água e pelo Espírito Santo. Rezamos em comunhão.

Por isso, apesar das divisões dos cristãos, a oração ao nosso Pai continua sendo um bem comum e um apelo a todos os batizados para a unidade. O "nosso" não exclui ninguém, e as divisões devem ser superadas. Como o amor do Pai é sem fronteiras, nossa oração também deve sê-lo.

## 4. "Que estais nos céus"

Essa expressão bíblica não significa um lugar, mas uma maneira de ser. O Pai não está distante de nós; Ele está além de tudo o que possamos conceber, mas está próximo do coração humilde e contrito. É no coração do justo que Deus habita. Quem reza deseja que Deus venha habitar em seu coração.

Ele está nos céus, que são sua morada. É dessa pátria que saímos, por causa do pecado, e a ela desejamos voltar. Cristo já uniu o céu e a terra, já estamos em Deus, embora não possamos sentir sua plenitude ainda agora. A conversão vai levar-nos, aos poucos, a sentirmos Deus conosco e a nos voltarmos para Ele.

Ao rezar "Pai nosso, que estais nos céus", a Igreja professa que somos o Povo de Deus, assentados nos céus e escondidos com Cristo em Deus (Cl 3,3), e ao mesmo tempo gememos pelo desejo ardente de ter essa habitação como habitação já definitiva.

*Artigo 3*
## Os sete pedidos

Depois de nos colocar na presença de Deus para adorá-lo, o Espírito nos desperta para sete pedidos, sete bênçãos. Os três primeiros, mais teologais, atraem para nós a glória do Pai; os quatro últimos nos oferecem sua graça como caminho para Ele.

Os primeiros nos levam em direção a Ele: vosso nome, vosso reino, vossa vontade. Devemos pensar primeiro naquele a quem amamos. Nesses pedidos não pensamos em nós, mas desejamos ardentemente a glória do Pai: seja santificado, venha a nós, seja feita...

A segunda série de pedidos é a apresentação de nossas expectativas, e por eles queremos atrair os olhos da misericórdia de Deus. Parte de nós e nos diz respeito: dai-nos hoje, perdoai-nos, não nos deixeis cair em tentação.

O quarto e o quinto pedidos se referem à nossa vida, seja para alimentá-la, seja para curá-la; os dois últimos se referem ao nosso combate pela vitória da vida.

Nos primeiros, alimentamos nossa fé, esperança e caridade; nos demais, pedimos para nós, entendendo também a dimensão do mundo e da história. Porque é pelo Nome de seu Cristo e pelo Reino de seu Espírito Santo que nosso Pai realiza seu plano de salvação, por nós e pelo mundo inteiro.

# 1. "Santificado seja o vosso nome"

Só Deus santifica. Aqui o pedido é que seu nome seja reconhecido como santo e tratado de maneira santa. Na adoração essa invocação é entendida como louvor e ação de graças. Jesus nos ensina que devemos ter o desejo de que seu nome seja santificado. Isso implica também termos o desejo de ser santos diante de Deus no amor (Ef 1,4). O nome de Deus é santificado por nós e em nós. Assim se realiza sua obra.

A santidade de Deus é o centro inacessível de seu mistério. Ninguém o toca, Ele se manifesta sempre, como o fez ao longo da história no Antigo Testamento, revelando sua glória.

O nome de Deus só nos é revelado por Jesus. E em Cristo somos também chamados à santidade (1Ts 4,7). Ele é a manifestação de toda a glória de Deus. É através de Jesus que tudo é santificado, por isso pedimos em seu nome.

A urgência desse pedido é a santificação do nome de Deus em nós e por nós. Recorremos à oração para que a santidade permaneça em nós e é nessa vida que seu nome será glorificado e santificado.

# 2. "Venha a nós o vosso Reino"

No Novo Testamento, o termo "Basiléia" pode ser traduzido por "realeza, reino ou reinado". O Reino de Deus existe antes de nós, ele se fez próximo no Verbo encarnado, é anunciado pelo Evangelho, veio na morte e na ressurreição de Jesus.

O Reino de Deus pode significar Cristo em pessoa, a quem invocamos e cuja vinda queremos apressar. Assim como Ele é nossa ressurreição, pois nele nós ressuscitamos, o reino de Deus (que é justiça, paz e alegria no Espírito Santo – Rm 14,17) também pode ser.

### 3. "Seja feita a vossa vontade, assim na terra como no céu"

É vontade do Pai que "todos os homens sejam salvos e cheguem ao conhecimento da verdade" (1Tm 2,3-4). Ele não quer que ninguém se perca (2Pd 3,9). Por isso pedimos que se realize esse desígnio amoroso de Deus, assim na terra como no céu.

Jesus veio para fazer a Vontade do Pai (Hb 10,7). Ele mesmo disse : "Faço tudo o que lhe agrada" (Jo 8,29). Foi para fazer a vontade do Pai que Jesus se entregou por nossos pecados (Gl 1,4). Só Ele pode falar que faz o que agrada ao Pai. Nós somos incapazes disso, a não ser unidos ao Cristo e com a força do Espírito Santo.

Pela oração podemos discernir qual é a vontade de Deus o obter a perseverança para cumpri-la. Fazer a vontade do Pai é o modo de entrarmos no Reino de Deus.

A Igreja tem em sua oração a maior força, sobretudo na Eucaristia. Na comunhão com Maria Santíssima e com os santos podemos encontrar também a força da perseverança na oração e na vida.

### 4. "O pão nosso de cada dia nos dai hoje"

Esse pedido revela a confiança de filhos que tudo esperam do Pai. "Ele faz nascer o sol igualmente sobre maus e bons, cair a chuva sobre justos e injustos" (Mt 5,45). Jesus nos ensina, nesse pedido, a glorificar a Deus, de quem tudo vem, e como reconhecimento de sua bondade.

"Dai-nos" é uma expressão da Aliança: pertencemos a Ele e dele nós somos, mas Ele nos pertence e age em nosso favor. Por isso o reconhecemos como Pai de todos e na solidariedade pedimos por todos.

O Pai que nos dá a vida não pode deixar de cuidar de todos

dando o necessário. Jesus fala da confiança que devemos ter no Pai, que cuida das aves dos céus e das flores, mas também nos exorta contra a passividade. Devemos fazer nossa obrigação, mas Jesus quer libertar-nos de toda a inquietação e preocupação. Pede o abandono nas mãos de Deus.

O drama da fome no mundo é uma amostra do que pode fazer o pecado, concentrando bens e rendas nas mãos de alguns em detrimento de outros. Isso convoca os cristãos para uma responsabilidade efetiva em relação aos irmãos e uma solidariedade que procure uma justa distribuição dos bens necessários à vida digna de tantos.

Trata-se do pão, para muitos. Há necessidade de se instaurar a justiça nas relações pessoais, sociais, econômicas e internacionais, lembrando que só haverá estruturas justas se houver homens justos.

A presença dos que passam fome revela a profundidade do pedido. A fome no mundo convoca os cristãos a rezarem para que haja uma responsabilidade efetiva em relação a seus irmãos no comportamento pessoal e em sua solidariedade com a família humana.

Esse pedido está unido à partilha e à presença de Jesus em quem tem fome. A bem-aventurança é a virtude da partilha, que convoca a partilhar os bens materiais e espirituais por amor, para que a abundância de alguns venha em socorro de outros.

O lema de São Bento, "reza e trabalha", mostra que devemos rezar como se tudo dependesse de Deus e trabalhar como se tudo dependesse de nós. O alimento é dom de Deus, por isso, em nossa mesa, nós rezamos, agradecendo o que recebemos.

Isso vale também para a fome espiritual: "Não só de pão vive o homem, mas de tudo aquilo que procede da boca de Deus" (Mt 4,4). Há, no mundo, a fome da Palavra de Deus, por isso os cristãos têm de esforçar-se para anunciar a Palavra aos pobres. Esse quarto pedido se refere também ao Pão da Vida: a Palavra de Deus a ser acolhida com fé; o Corpo de Cristo a ser recebido na Eucaristia.

"Hoje" é uma expressão de confiança. É Jesus que ensina. Esse "hoje" não é só o tempo de hoje, mas o tempo de Deus. E não pedimos só para nós, mas para todos, pois Deus é o Pai de todos.

"De cada dia" é uma retomada do "hoje" para nos confirmar na confiança sem reserva. Pode também significar o "necessário", tudo o que é necessário para uma vida digna. Pode até lembrar a Eucaristia.

## 5. "Perdoai-nos as nossas ofensas, assim como nós perdoamos a quem nos tem ofendido"

É um pedido surpreendente. Se ficasse só na primeira parte poderia, estar incluído nos primeiros pedidos. Mas, de acordo com o que está ensinado, só seremos perdoados se perdoarmos primeiro.

### *Perdoai-nos as nossas ofensas*

No início dessa oração, pedimos a graça de sermos santificados como deve ser santificado o seu nome. Embora revestidos da graça batismal, desviamo-nos de Deus. Esse pedido de perdão nos faz voltar a Ele. É a confissão de nossa miséria, mas declaramos crer na misericórdia divina. Nossa esperança é firme, porque em Jesus temos a redenção e a remissão dos pecados (Cl 1,14).

Mas esse mar de misericórdia não penetra em nosso coração enquanto não tivermos perdoado a quem nos ofendeu. Não podemos amar a Deus, que não vemos, se não amamos o irmão que vemos (1Jo 4,20). Sem perdão, nosso coração se fecha e fica impenetrável ao amor misericordioso do Pai.

Esse pedido é tão importante que Jesus volta a ele no Sermão da Montanha e o desenvolve (Mt 5,23; 6,14).

### Assim como nós perdoamos a quem nos tem ofendido

Essa expressão "como" aparece muitas vezes no ensinamento de Jesus: perfeitos como vosso Pai é perfeito (Mt 5,48), misericordiosos como vosso Pai é misericordioso (Lc 6,36), amai... como Eu vos amei (Jo 13,34).

Seguir os mandamentos é impossível, se quisermos imitar por fora o modelo divino. Trata-se de participar com todo o coração da santidade, da misericórdia, do amor de nosso Deus. Trata-se de ter no coração os mesmos sentimentos de Jesus (Fl 2,1-5). Então é possível o perdão, perdoando-nos mutuamente "como" Deus, em Cristo, nos perdoou (Ef 4,32).

A oração cristã chega até o perdão dos inimigos. Isso transforma o discípulo, configurando-o ao seu Mestre. O perdão é o ponto alto da oração cristã. O amor é mais forte que o pecado. Não há limite para o perdão.

## 6. "Não nos deixeis cair em tentação"

Esse pedido atinge a raiz do pedido anterior, pois nossos pecados são fruto do consentimento na tentação. Nós pedimos que Ele não nos deixe andar pelo caminho que conduz ao pecado. Estamos então empenhados no combate entre a carne e o espírito.

Imploramos ao Espírito o discernimento e a fortaleza. Ele nos faz discernir entre as provações ao crescimento do homem interior e a tentação que leva ao pecado e à morte.

É necessário, pois, discernir entre ser tentado e consentir a tentação. "Não cair em tentação" envolve uma decisão do coração. Deus não permite que sejam os tentados além de nossas forças (1Cor 10,13).

Foi na oração que Jesus venceu o tentador desde o começo até a agonia. É na oração e na vigilância que guardamos o coração. O Espírito nos mantém sempre abertos para a vigilância até a perseverança final.

## 7. "Mas livrai-nos do mal"

O último pedido ao nosso Pai aparece como na oração de Jesus: "Não te peço que os tires do mundo, mas que os guardes do mal" (Jo 17,15). O pedido diz respeito a cada um de nós, mas a oração é de todos nós em comunhão com a Igreja.

O mal aqui não é algo abstrato, mas o Maligno. Quem se entrega a Deus, não teme o Maligno, e nós sabemos que somos de Deus (1Jo 5,18).

Jesus alcançou a vitória sobre o Maligno, de uma vez por todas, quando Ele se entregou à morte para nos dar a vida.

Ao pedir que nos livre do Maligno, pedimos que sejamos libertados de todos os males presentes, passados e futuros.

Nesse último pedido a Igreja traz a miséria do mundo e implora ao Pai a libertação; pede a paz e a graça de esperar, perseverante, o retorno de Cristo. Rezando assim, ela recapitula todas as coisas antecipadamente em Cristo, o Todo-Poderoso, aquele que era e que vem (Ap 1,8).

## 8. A doxologia final

A glorificação de seu nome, a vinda de seu reino, o poder de sua vontade salvífica, que são os três primeiros pedidos, apresentam-se como a doxologia final, a grande glorificação. Em Cristo será mesmo dada ao Pai toda a glória, pois dele são o Reino, o poder e a glória para sempre.

O "Amém" é a corroboração de que tudo isso se faça. Que assim seja.

# ÍNDICE

Apresentação ................................................................3

PRIMEIRA PARTE: VIDA CRISTÃ
Introdução ................................................................5
PRIMEIRA SEÇÃO: A VOCAÇÃO DO HOMEM
A VIDA NO ESPÍRITO ................................................7

**Capítulo I: Dignidade da pessoa humana** ................7

*Artigo 1. O homem, imagem de Deus* ......................7

*Artigo 2. Nossa vocação à bem-aventurança*............9
1. As bem-aventuranças......................................9
2. O desejo de felicidade....................................10
3. A bem-aventurança cristã ..............................11

*Artigo 3. A liberdade do homem* ............................12
1. Liberdade e responsabilidade ........................12
2. Liberdade humana na economia da salvação....14

*Artigo 4. A moralidade dos atos humanos*............14
1. Fontes da moralidade ....................................15
2. Atos bons e atos maus ..................................16

*Artigo 5. A moralidade das paixões* ...... 16
1. As paixões ...... 16
2. Paixões e vida moral ...... 17

*Artigo 6. A consciência moral* ...... 18
1. O juízo de consciência ...... 18
2. A formação da consciência ...... 19
3. Escolher segundo a consciência ...... 19
4. Juízo errôneo ...... 20

*Artigo 7. As virtudes* ...... 21
1. As virtudes humanas ...... 21
2. As virtudes teologais ...... 22
3. Os sete dons e os frutos do Espírito Santo ...... 24

*Artigo 8. O pecado* ...... 24
1. A misericórdia e o pecado ...... 24
2. A definição de pecado ...... 25
3. A diversidade dos pecados ...... 26
4. A gravidade dos pecados: pecado mortal e venial ...... 26
5. A proliferação do pecado ...... 28

**Capítulo II: A comunidade humana** ...... 31

*Artigo 1. A pessoa e a sociedade* ...... 31
1. O caráter comunitário da vocação humana ...... 31
2. A conversão e a sociedade ...... 33

*Artigo 2. A participação social* ...... 33
1. A autoridade ...... 33
2. O bem comum ...... 34
3. Responsabilidade e participação ...... 35

*Artigo 3. A justiça social*.....................................................36
1. O respeito à pessoa humana .........................................36
2. Igualdade e diferenças entre os homens .........................37
3. A solidariedade humana ...............................................37

**Capítulo III: A salvação de Deus: A lei e a graça** ...............39

*Artigo 1. A lei moral* .........................................................39
1. A lei moral natural .......................................................40
2. A Lei Antiga ...............................................................41
3. A Nova Lei ou Lei evangélica.........................................42

*Artigo 2. Graça e justificação*.............................................42
1. A justificação ..............................................................42
2. A graça .....................................................................43
3. O mérito ....................................................................44
4. A santidade cristã .......................................................45

*Artigo 3. A Igreja, mãe e educadora* ...................................45
1. Vida moral e magistério da Igreja ..................................46
2. Os mandamentos da Igreja ...........................................47
3. Vida moral e testemunho missionário..............................48

SEGUNDA SEÇÃO: OS DEZ MANDAMENTOS............51
Êxodo 20,2-17 .................................................................51
Deuteronômio 5,6-21 .......................................................52
Fórmula catequética .........................................................52
"Mestre, que devo fazer?" .................................................53
O Decálogo na Sagrada Escritura .......................................53
O Decálogo na Tradição da Igreja.......................................54
A unidade do Decálogo .....................................................54
O Decálogo e a lei natural .................................................55

A obrigatoriedade do Decálogo .............................................55
"Sem mim, nada podeis fazer" .............................................55

**Capítulo I: Amarás o Senhor, teu Deus, de todo o
coração, de toda a alma e de todo o entendimento** ............57

*Artigo 1. O primeiro mandamento* .............................................57
1. "Adorarás o Senhor, teu Deus, e o servirás" .......................58
2. "Só a Ele prestarás culto" .....................................................60
3. "Não terás outros deuses diante de mim" ...........................62
4. "Não farás para ti imagem esculpida de nada" ...................65

*Artigo 2. O segundo mandamento* .............................................66
1. O nome santo do Senhor .....................................................66
2. O nome do Senhor pronunciado em vão ............................67
3. O nome cristão.....................................................................68

*Artigo 3. O terceiro mandamento* .............................................69
1. O dia de sábado....................................................................69
2. O dia do Senhor...................................................................70

**Capítulo II: Amarás o próximo como a ti mesmo** ..............73

*Artigo 4. O quarto mandamento* .............................................73
1. A família no plano de Deus .................................................74
2. A família e a sociedade.........................................................75
3. Os deveres dos membros da família .....................................76
4. A família e o Reino..............................................................78
5. As autoridades na sociedade civil ........................................79

*Artigo 5. O quinto mandamento* .............................................81
1. O respeito à vida humana.....................................................81

2. O respeito à dignidade das pessoas ..................... 88
3. A salvaguarda da paz............................................ 91

*Artigo 6. O sexto mandamento* ................................ 93
1. "Homem e mulher os criou".................................. 93
2. A vocação à castidade ......................................... 94
3. A amor entre os esposos....................................... 98
4. Ofensas à dignidade do matrimônio ..................... 101

*Artigo 7. O sétimo mandamento* .............................. 103
1. A destinação universal dos bens e
   a propriedade privada dos bens............................ 103
2. O respeito às pessoas e a seus bens ..................... 104
3. A doutrina social da Igreja ................................. 106
4. A atividade econômica e a justiça social ............. 107
5. Justiça e solidariedade entre as nações................ 109
6. O amor aos pobres ............................................ 110

*Artigo 8. O oitavo mandamento* .............................. 111
1. Viver na verdade................................................ 111
2. Dar testemunho da verdade................................. 112
3. As ofensas à verdade ......................................... 112
4. O respeito à verdade .......................................... 114
5. O uso dos meios de comunicação social ............. 115
6. Verdade, beleza e arte sacra ............................... 116

*Artigo 9. O nono mandamento* ................................ 116
1. A purificação do coração .................................... 117
2. A luta pela pureza.............................................. 117

*Artigo 10. O décimo mandamento*............................ 118
1. A desordem do coração ...................................... 119
2. Os desejos do espírito......................................... 120

3. A pobreza de coração ......................................................120
4. Quero ver a Deus ............................................................121

SEGUNDA PARTE: ORAÇÃO CRISTÃ .......................123
Apresentação .....................................................................123
Introdução .........................................................................123
1. O que é a oração? ...........................................................124
2. Oração como dom de Deus .............................................124
3. Oração como aliança .......................................................125
4. A oração como Comunhão ...............................................125

PRIMEIRA SEÇÃO: A ORAÇÃO NA VIDA CRISTÃ .....127

**Capítulo I: A revelação da oração.**
**Vocação universal à oração** ...............................127

*Artigo 1. No Antigo Testamento* ...................................128
1. A criação – fonte da oração ..............................................128
2. A promessa e a oração da fé .............................................128
3. Moisés e a oração do mediador ........................................129
4. Davi e a oração do rei ......................................................130
5. Elias, os profetas e a conversão do coração ......................130
6. Os Salmos, oração da assembléia .....................................131

*Artigo 2. Na plenitude do tempo* ...................................131
1. Jesus ora ..........................................................................132
2. Jesus ensina a orar ...........................................................133
3. Jesus ouve a oração ..........................................................134
4. A oração da Virgem Maria ...............................................134

*Artigo 3. No tempo da Igreja* .........................................135
1. A bênção e a adoração ......................................................135

2. A oração de súplica ............................................ 136
3. A oração de intercessão ...................................... 136
4. A oração de ação de graças .................................. 137
5. A oração de louvor ............................................. 137

**Capítulo II: A tradição da oração** ............................... 139

*Artigo 1. Nas fontes da oração* ................................... 139
1. A Palavra de Deus ............................................. 139
2. A liturgia da Igreja............................................ 140
3. As virtudes teologais ......................................... 140

*Artigo 2. O caminho da oração*.................................. 141
1. A oração ao Pai................................................. 141
2. A oração a Jesus ............................................... 141
3. Em comunhão com a Santa Mãe de Deus .................... 142

*Artigo 3. Guias para a oração* ................................... 144
1. Uma nuvem de testemunhas................................. 144
2. Servidores na oração .......................................... 144
3. Lugares favoráveis à oração .................................. 145

**Capítulo III: A vida de oração** ................................. 147

*Artigo 1. As expressões da oração* .............................. 148
1. Oração vocal ................................................... 148
2. Meditação ...................................................... 149
3. A oração mental ............................................... 149

*Artigo 2. O combate da oração* .................................. 150
1. As objeções à oração .......................................... 150
2. A humilde vigilância do coração ............................ 151
3. A confiança filial.............................................. 152

4. Perseverar no amor ............................................... 153
5. Liturgia da Hora de Jesus ................................... 154

## SEGUNDA SEÇÃO: A ORAÇÃO DO SENHOR ........... 155

**Capítulo I: Pai-Nosso** ................................................ 155

*Artigo 1. O resumo de todo o Evangelho* ............................ 156
1. No centro das Escrituras .......................................... 156
2. A oração do Senhor .............................................. 156
3. A oração da Igreja ................................................ 156

*Artigo 2. "Pai nosso que estais nos céus"* ......................... 157
1. Ousar aproximar-nos com toda a confiança .............. 157
2. O Pai ............................................................. 158
3. Pai "Nosso" ..................................................... 159
4. "Que estais nos céus" .......................................... 159

*Artigo 3. Os sete pedidos* .......................................... 160
1. "Santificado seja o vosso nome" .......................... 161
2. "Venha a nós o vosso Reino" .............................. 161
3. "Seja feita a vossa vontade, assim na terra como no céu" ... 162
4. "O pão nosso de cada dia nos dai hoje" ................ 162
5. "Perdoai-nos as nossas ofensas, assim como nós
    perdoamos a quem nos tem ofendido" ................ 164
6. "Não nos deixeis cair em tentação" ..................... 165
7. "Mas livrai-nos do mal" ...................................... 166
8. A doxologia final ................................................ 167

## CONHEÇA OS OUTROS LIVROS
## DO PE. HÉLIO LIBARDI

- Gente Pequena
  Catecismo ilustrado para crianças

- Gente Pequena 2
  Preparação para a Primeira Comunhão

- Gente Pequena 3 – Estou crescendo

- Gente Pequena 4 – Para catequistas

- Preparando para o Batismo

- Jesus, o grande mestre

- Religião também se aprende – 3

- Religião também se aprende – 6

- Religião também se aprende – 9

- Religião também se aprende – 10

- Religião também se aprende – 11

- Eu Creio

- Os sacramentos na vida cristã

## EDITORA SANTUÁRIO
## 0800 16 00 04